Dans votre potager,

tout va pousser !

Elsa Jirou et Thibault Dupont,
Maraîchers

Dans votre potager, *tout va pousser !*

Les techniques de La ferme des Gobettes pour un potager familial, productif et 100 % nature

LAROUSSE

Sommaire

Elsa Jirou

J'ai grandi en banlieue parisienne, mais je passais toutes mes vacances d'enfance à la campagne dans la Drôme. C'est là que j'ai développé une véritable passion pour la nature qui m'entourait, des plantes aux animaux. Un appétit que j'ai mis de côté pendant plusieurs années alors que je commençais mon métier de journaliste à Paris. Pendant 10 ans, j'ai réalisé des reportages pour les journaux télévisés en sillonnant la France et le monde. C'est au cours d'une série de reportages sur des sujets touchant à l'écologie, la disparition de la biodiversité et l'agriculture, que j'ai pris conscience des enjeux de l'agriculture moderne et de son impact négatif sur l'environnement.

Thibault Dupont

Je viens du Nord, près d'Armentières dont la devise est « Pauvre, mais fière ! ». J'aime cet endroit pour ses valeurs de solidarité et de convivialité. Toujours dehors, à pied ou à vélo, mon adolescence a été rythmée par la pratique du sport de haut niveau. Je n'ai jamais été passionné par l'agriculture. Longtemps, pour moi, cela se résumait aux machines qui épandent des pesticides derrière chez moi ou au désherbage dans le potager d'Henri, mon arrière-grand-père. J'ai commencé le journalisme à 18 ans. Pendant une dizaine d'années, j'ai eu la chance de parcourir la France, mais aussi de nombreux pays en guerre. En Afghanistan, Irak et Syrie, j'ai essayé de raconter le quotidien de ceux qui vivent le pire. Un métier de rencontres, passionnant, mais il faut bien l'avouer, de moins en moins utile. Convaincu que notre monde déborde d'informations, mais manque d'action, j'ai décidé de passer à l'acte !

Qui sommes-nous ?

De « changer le monde » à « changer de vie »

Après plus de 10 années passées à parcourir la France et le monde, en 2015, nous avons commencé à douter de l'utilité de notre métier. Nous l'avions choisi, avec notre naïveté de jeunes adultes, pour « changer le monde », mais au fil de nos reportages, notre sentiment d'impuissance est devenu une réelle frustration. Nous ne changions rien du tout. Et puis un jour, nous en avons eu assez de prendre des risques pour des reportages qui n'ont que peu d'incidences.

Parallèlement, nous avions envie de fonder une famille et nous ne voulions pas élever nos enfants à Paris ou en région parisienne. Tous les ingrédients d'un changement de vie étaient réunis, ne restait plus qu'à trouver quoi faire ? Où ? Comment ? Bref, tout restait à imaginer.

« Nous voulions utiliser nos mains autant que nos têtes. »

Alors, pourquoi le maraîchage ?

En « changeant de vie », nous voulions répondre à plusieurs objectifs : avoir un métier utile, utiliser nos mains autant que notre tête, vivre dans la nature…

L'agriculture nous a semblé réunir l'ensemble de ces critères. Nous avons écarté l'élevage parce que cela nous semblait trop accaparant. Très vite, le maraîchage s'est imposé comme une piste intéressante. Après des heures de recherches, nous avons découvert les micro-fermes en maraîchage biologique. Des femmes et des hommes ont pensé de nouveaux modèles de fermes à taille humaine, aux pratiques respectueuses de l'environnement, pour une nourriture saine, locale et de saison. Un retour au bon sens en quelque sorte. Ce modèle nous a beaucoup emballés, parce qu'il nous permettait de rejoindre un mouvement de jeunes agriculteurs néoruraux, ou issus du monde agricole, voulant construire l'agriculture de demain.

C'est décidé, nous allons devenir maraîchers !

Chez nos proches, la nouvelle a été bien accueillie. Certains enviaient notre « courage ». Nous, on a plus eu l'impression qu'il s'agissait de nécessité et d'envie. D'autres trouvaient que le projet nous ressemblait. Les plus inquiets étaient Marie et Claude. Les grands-parents de Thibault ont eu du mal à comprendre pourquoi nous quittions une situation confortable de journalistes en CDI dans une grande chaîne d'information française, un salaire élevé et pas mal de congés payés.

Quitter la campagne pour la ville, c'est le chemin qu'ils ont fait 50 ans plus tôt. Ils sont de la génération de l'exode rural post Seconde Guerre mondiale. Ils ont laissé le travail de la terre, dur, sans repos et mal rémunéré pour rejoindre des métiers de service en ville et pour eux, notre décision était difficile à comprendre. Malgré tout, ils font partie de ceux qui ont été présents pour nous aider à créer la ferme, un soutien sans faille.

Se lancer

Première étape : trouver un terrain !

Nous avons commencé par contacter les agences immobilières locales. Circuit classique des Parisiens qui cherchent une maison secondaire. Nous avons décidé d'être pragmatiques. Il faut que le terrain accueille notre exploitation dans de bonnes conditions, du coup, nous avons établi une liste de critères objectifs :

- Au moins 3 hectares ;
- Une prairie non pâturée avec des haies et des arbres ;
- Un point d'eau (source, mare, bordure de ruisseau…) ;
- Un logement habitable. Nous devions déjà apprendre à faire pousser des légumes, nous ne pouvions pas en plus reconstruire une maison… ;
- Pas de proximité directe avec un champ de cultures conventionnelles (en d'autres termes : pas de champs traités par des pesticides).

Premières visites au début de janvier 2016. Nous avons pris la décision de nous lancer il y a à peine un mois, tout va très vite et secrètement, nous espérons ne pas trouver tout de suite. C'est sans compter sur Kévin, l'agent immobilier avec qui nous passons les deux premiers week-ends de visites. Deux week-ends à lui dire « non » à tout ce qu'il nous propose : « trop petit », « pas de point d'eau », « trop pentu »…

La semaine qui suit, il nous rappelle : « J'ai une maison qui vient d'être mise sur le marché, c'est exactement ce que vous cherchez ! » Le lendemain, nous sommes sur le fameux terrain : 5,5 hectares de prairie, des haies, des arbres, deux grandes mares, une jolie longère normande à colombages et même des dépendances (certes, en mauvais état, mais qui pourront être rénovées). Thibault visite à peine la maison, tout ce qui l'intéresse, c'est de faire des trous dans le jardin à la recherche de vers de terre ! Le brouillard est épais. Un crachin léger remplit la matinée. Mais le coup de cœur est là, nous faisons une offre dans la journée.

Première visite. Thibault sillonne le terrain avec sa bêche.

Nous reprenons notre liste de critères pour être sûrs que ce coup de cœur n'est pas un coup de tête. Nous refaisons sans cesse la liste des « pour » et des « contre », mais tous les critères sont remplis ! Il y a juste une petite partie d'un champ conventionnel voisin qui jouxte le terrain. Par chance, une haie et un talus nous protègent des contaminations et nous avons la place de laisser une zone en friche par ultime précaution. Tout colle. En fait, nous sommes presque embêtés d'avoir trouvé si vite. Et si l'offre était acceptée ? On ne pourra plus faire marche arrière. Nous convenons que ça fait peur, mais que c'est le lot de toutes les aventures.

« Et si ? Et si ? Et si ? » Une maison, ça se revend, un métier, ça se retrouve. Personne ne va en mourir ! L'offre est acceptée.

Nous avons notre lieu, il faut lui trouver un nom !

C'est parti pour le *brainstorming*. Nous voulons que le nom de la ferme soit attaché à son environnement, à son terroir. « Ferme d'Angerville », du nom de la rue, « Ferme des Deux chênes » en hommage aux deux magnifiques spécimens qui surplombent le terrain, rien ne nous satisfait… Alors que le printemps se réveille, nous découvrons avec bonheur que nos mares grouillent de vie. Des poissons, des couleuvres à collier et des grenouilles, des centaines de grenouilles ! Nous assistons émus au concert de nos nouvelles colocataires.

Sur la route du retour, Thibault cherche sur Internet « grenouille en normand », résultat : « gobette ». Il appelle même un chansonnier qui connaît bien le patois pour confirmer. « La Ferme des Gobettes », ça sonne bien et très vite, c'est une évidence. Notre ferme a un terrain et un nom, le projet devient concret !

Passer des diplômes…

Il faut maintenant passer par la case obligatoire « diplôme agricole » pour obtenir le droit d'exploiter. Et accessoirement, nous avons tout à apprendre… aussi bien techniquement, qu'au niveau de la création et gestion d'une entreprise. Nous avons donc entrepris des formations pour démarrer cette reconversion. Un BPREA (Brevet Professionnel Responsable d'Entreprise Agricole) pour Thibault et un bac pro Productions horticoles par correspondance pour Elsa. Ces formations diplômantes vont nous permettre de bien appréhender les étapes de la création de la ferme. Pour ce qui est de l'agronomie et des techniques culturales, nous allons devoir chercher ailleurs des pratiques qui correspondent.

Les « gobettes », grenouilles en patois normand.

…et se former soi-même !

Nous achetons des dizaines de livres. Tout ce qui parle de maraîchage de près ou de loin y passe. Des heures à lire, prendre des notes et regarder des vidéos sur Internet, mais pas de *WWOOFing* (WWOOF, World-Wide Opportunities on Organic Farms, pratique consistant à sillonner les fermes de France pour apprendre le métier). Notre seule expérience de terrain : 8 semaines de stage obligatoire chez Édouard Stalin à la Ferme de la Mare des Rufaux. Une courte expérience de terrain, mais idéale pour ce que nous voulons : créer notre modèle sans être influencés par des modèles existants. Dès que nous entendons : « Il ne faut surtout pas faire ça ! », cela nous donne davantage envie d'essayer. De cette manière, nous le savons, nous allons prendre plus de gamelles, mais intellectuellement, c'est beaucoup plus stimulant. Résultat, lorsque nous avons créé la ferme, nous n'avions jamais semé une carotte de notre vie !

Les engagements de la ferme

Nous nous sommes tout de suite fixés des règles, avant même la création de la ferme. Bien sûr, nous étions déjà conscients que l'agriculture est une école de l'observation et de l'adaptation. Mais nous avions besoin d'établir une sorte de ligne de conduite, des engagements, vis-à-vis de nos clients et de nous-même et desquels nous ne dérogerions pas.

Les hybrides : interdits !

Les hybrides, aussi appelés « F1 », sont des semences dont la fécondation a été réalisée en laboratoire. Elles sont donc génétiquement modifiées. Ces semences sont non-reproductibles, c'est-à-dire qu'elles sont soit stériles, soit dégénérescentes. Si vous récupérez les graines de ces légumes et que vous les semez, vous obtiendrez de nouveaux légumes qui ne ressemblent, dans la grande majorité des cas, en rien à leurs parents. Une aubaine pour les semenciers, puisqu'il faut repasser à la caisse chaque année : obligés de racheter des graines ! Dans les faits, nous n'avons pas le temps de faire les semences de tous nos légumes, donc nous sommes de toute façon obligés d'en racheter régulièrement.

Mais pour nous, c'est un problème éthique, le véritable enjeu se trouve ailleurs. Les semenciers créent des hybrides en isolant les meilleurs gènes des plantes. En soi, c'est une bonne idée pensez-vous. Oui, mais les critères de sélection sont le rendement, la précocité, l'apparence, la résistance aux maladies, la capacité à être transporté en camion… Le goût et la qualité nutritive sont systématiquement laissés de côté. Résultats : les hybrides donnent des légumes souvent insipides, mais surtout pauvres en minéraux et en vitamines. Vous vous demandiez pourquoi les tomates du supermarché n'ont pas de goût ? Vous avez la réponse ! C'est donc un vrai choix militant : pour le même travail, nous récoltons donc moins de légumes, nos productions sont moins précoces et nos légumes ne sont pas uniformes, mais les aliments que nous produisons sont savoureux et utiles à notre santé.

Paavo, notre aîné, goûteur officiel de la ferme.

Produire nos plants

La grande majorité des maraîchers achète leurs plants à des entreprises spécialisées. Ils reçoivent chaque semaine de jeunes légumes en mottes, prêts à être transplantés. À La ferme des Gobettes, nous avons décidé de produire nous-mêmes plus de 90 % de nos plants pour plusieurs raisons. D'abord, parce que cela nous permet un choix très important dans les variétés. Là où les producteurs de plants se concentrent sur quelques dizaines (la plupart du temps « hybrides »), nous pouvons faire notre sélection parmi des centaines de légumes !

Ensuite, parce que cela nous apparaissait plus stimulant et intéressant de gérer les végétaux du début à la fin, du semis à la récolte ou à la transformation. Et enfin, parce que produire ses plants nous permet d'ajuster chaque semaine semis et plantations, à l'écoute du rythme de croissance des jeunes pousses.

Zéro « phytos »

Certifier « Agriculture Biologique » nos activités à la ferme par un organisme indépendant était pour nous comme une évidence. Malheureusement, sous la pression des lobbys, le « label BIO » se dégrade. De plus en plus de dérogations sont autorisées pour des produits chimiques. L'utilisation du cuivre comme fongicide atteint des records, allant jusqu'à causer des contaminations. Nous nous sommes alors fixés comme règle de n'utiliser aucun produit phytosanitaire, même ceux autorisés en bio. Aucun risque de retrouver des substances chimiques sur nos aliments ! Cette règle nous permet d'être sereins vis-à-vis de la clientèle consommant nos légumes.

> « Nous nous sommes fixés comme règle de n'utiliser aucun produit phytosanitaire, même ceux autorisés en bio. »

Un sol jamais travaillé...

Aucun outil n'a jamais retourné, labouré, éventré... notre sol. Nous avons eu la chance d'hériter d'une prairie jamais travaillée pendant des années. Hors de question d'y toucher ! On vous entend déjà « Mon Dieu, mes carottes ne vont pas pousser si la terre n'est pas passée à la moulinette ». Pas de panique ! Les carottes vont bien pousser, promis ! On vous explique même comment commencer un potager sans travail du sol un peu plus loin (voir « Comment débuter ? » p.18). Mais avant ça, il faut comprendre pourquoi. Pourquoi est-ce si important à nos yeux ? Mais parce que sous nos pieds, il y a la vie !

Nous avons fait le choix d'être peu mécanisé...

On estime qu'un petit gramme de sol contient un million de bactéries et 100 millions de champignons. Ajoutons à cela un millier d'espèces d'acariens, de nématodes et nos précieux vers de terre. Passer un coup de motoculteur là-dedans, c'est perpétrer un véritable massacre. Tuer des bactéries, des champignons et des vers de terre, « pas si grave finalement » me direz-vous ! Malheureusement, si, parce que c'est tout ce petit monde qui est responsable de la bonne santé du sol, de son aération et de sa fertilité par la dégradation de la matière qui redevient assimilable par nos légumes.

...et toujours couvert

Dans cet état d'esprit, aux Gobettes, le sol est toujours couvert : paille, compost, fumier, résidus de cultures... et donc toujours nourri. Cela nous permet également d'empêcher l'érosion de nos sols, mais aussi de le protéger, à la fois de la sécheresse et des intempéries. Nous voulons croire que les plantes fonctionnent un peu comme nous, plus leur nourriture est variée et équilibrée, plus elles sont en bonne santé.

Les ateliers de la ferme

Les pâtures ont laissé la place aux cultures et aujourd'hui (en 2023), nous entamons notre 6e saison de maraîchers. Ne vous inquiétez pas, on vous explique un peu plus loin comment nous avons fait (voir « Comment débuter ? » p.18).

Charlotte, une ancienne stagiaire, nous a rejoint comme associée et nous partageons le travail entre nous trois. Ça tombe bien, parce que les activités ne manquent pas aux Gobettes ! En 6 ans, nous avons eu la chance de nous développer et de nous diversifier.

Les pommiers donnent leurs premiers fruits.

Près de deux cents variétés de légumes

L'activité principale est évidemment le maraîchage. Nous cultivons près de deux cents variétés de légumes et des fraises sur un peu plus d'un hectare, dont 1 500 m² de serres. Nos produits sont commercialisés via une AMAP (Association pour le Maintien d'une Agriculture Paysanne) que nous avons créée, en vente directe à la ferme, mais aussi via deux Biocoop® et des restaurants locaux et parisiens.

Des centaines d'arbres

En 2020 et 2021, nous avons planté près de 500 arbres fruitiers. Pour la plupart, des variétés anciennes et locales. Des pommiers et poiriers principalement, mais aussi des cerisiers, pruniers, abricotiers, pêchers, cognassiers, figuiers et des actinidias (kiwis). La production se met en route doucement. Une partie des pommes et des poires sera bientôt transformée en jus. Le reste des fruits sera vendu frais, via nos canaux de distribution existants, ou cuisiné en confitures.

Des poulettes et des abeilles

Un poulailler mobile et autoconstruit sert de camping-car à nos poules rousses. Elles sont une cinquantaine et fournissent nos clients en œufs. Nous les utilisons aussi pour nettoyer certaines parcelles entre deux cultures et leurs fientes nous servent d'amendement.

Les ruches nous procurent du miel et permettent de maximiser les chances de pollinisation de nos fruitiers et de nos légumes, comme les courgettes, tomates, courges, aubergines…

Une année en chiffres

20 000
poireaux plantés

+ de 5 tonnes
de tomates récoltées

12 000
œufs

1 800
courges plantées

+ de 2 000
paniers de légumes vendus

Un modèle rentable ? Oui !

Évidemment, être rentable a rapidement été au centre de nos préoccupations. D'abord, parce que nous nous lancions tous les deux dans la même aventure et que cette activité serait la seule rentrée d'argent de la famille. Et puis, nous avons très vite considéré que nos heures de travail, afin de nourrir sainement les gens qui nous entourent, tout en prenant soin d'un morceau de terre, méritaient un salaire décent. On ne parle pas de devenir millionnaire, hein ! Nous nous sommes fixés l'objectif de nous rémunérer 1 500 euros par mois.

« Nous vendons la majorité de nos légumes en direct, sans intermédiaire. »

La bataille des modèles agricoles

Cet objectif est aujourd'hui atteint. Un soulagement, mais aussi une fierté. Et pour être honnête, cela est un juste retour pour tout le travail que l'on fournit. Plus largement, le fait d'être rapidement rentable crédibilise notre modèle. On entend souvent les politiques ou les responsables de la FNSEA (Fédération Nationale des Syndicats d'Exploitants Agricoles) expliquer que les néopaysans sont bien gentils et que la permaculture, c'est très mignon, mais qu'on ne peut pas en vivre. Cela décourage certaines reconversions. Un ingénieur qui veut devenir professeur des écoles ne se demande pas s'il aura de quoi payer la cantine des enfants à la fin du mois. Avec nos techniques, nous souhaitons montrer que c'est la même chose avec le maraîchage.

Les 3 principes clés de La ferme des Gobettes

Économiquement, notre modèle fonctionne principalement grâce à trois principes clés :

1. D'abord, maîtriser les charges. C'est toujours plus facile d'économiser 1 000 euros que de faire pousser 1 000 euros de carottes. Nous essayons de réduire au maximum nos charges, d'acheter du matériel d'occasion et de fabriquer nous-même.
2. Ensuite, nous essayons de rendre le plus productif possible chaque mètre carré. En densifiant les cultures et en mettant en place des successions de légumes les plus opportunes.
3. Enfin, notre objectif est de valoriser notre production le mieux possible. Nous vendons la majorité de nos légumes en direct, sans intermédiaire.

Nous cultivons une trentaine de variétés anciennes de choux.

20 000 poireaux à planter, l'école de la patience.

Autofinancer nos projets

Pour démarrer la ferme, en 2018, nous avons investi environ 30 000 euros en matériel (voir le tableau ci-dessous). Le reste a été financé, année après année, par les recettes des ventes de légumes.

Ainsi, en 2019, nous avons installé un système d'irrigation enterré (nous passions jusqu'à 16 heures par semaine à arroser à la main). En 2020, nous avons acheté un tracteur, avec une benne pour étaler la matière organique et un petit broyeur pour détruire les résidus de cultures. Fini les brouettes de fumier et la tondeuse sur les restes de choux ! En 2021 et 2022, nous avons financé la plantation de plus de 500 arbres fruitiers, l'achat de deux nouvelles serres et une pièce de stockage dans le bâtiment.

Être indépendant vis-à-vis des banques est important pour nous. Cela nous prouve que notre modèle fonctionne et que nous pouvons le développer sans nous endetter. Chaque année, nous essayons de consacrer une enveloppe de 10 000 euros au développement de nos moyens de production ou à leur amélioration.

Investissement réalisé en début de projet

Matériel	Coût	État
Tunnels (1 000 m²)	7 000 €	Occasion
Véhicule utilitaire + remorque	5 000 €	Occasion
Forage	12 000 €	Neuf
Petit matériel de maraîchage (filets, voiles…)	2 500 €	Neuf
Bâtiment agricole – Magasin	25 000 €	*Crowdfunding*
Motteuse	1 500 €	Occasion
Total	28 000 €	

NOTRE FERME

BÂCHAGE DE NOS PARCELLES

Voir « Le bâchage des cultures », p.112-113.

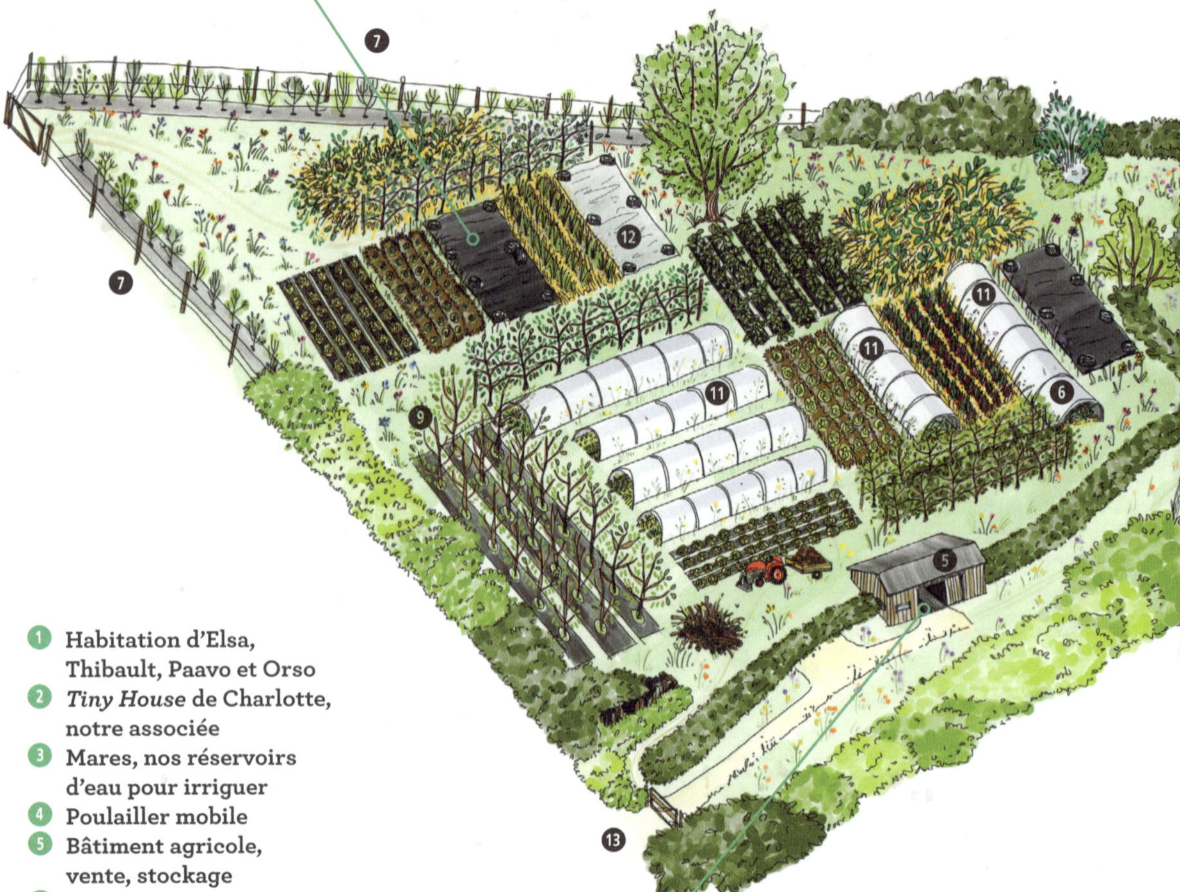

1. Habitation d'Elsa, Thibault, Paavo et Orso
2. *Tiny House* de Charlotte, notre associée
3. Mares, nos réservoirs d'eau pour irriguer
4. Poulailler mobile
5. Bâtiment agricole, vente, stockage
6. Pépinière
7. Haies
8. Zones sauvages
9. Verger
10. Zones de cultures entre les arbres
11. Serres
12. Jardins
13. Entrée de la ferme
14. Ruches

NOTRE ZONE DE STOCKAGE

Voir « Conserver ses légumes », p.132-133.

NOTRE MARE

Voir « Favoriser la biodiversité », p.108 à 111.

NOS PLANTATIONS D'ARBRES FRUITIERS

Voir « La taille des arbres », p.46-47.

Comment débuter ?

Si vous avez ce livre entre les mains, il est très probable que vous ayez envie de vous lancer dans la culture d'un potager. Mais par où commencer ? Lisez d'abord ce livre bien sûr ! Plus sérieusement, il est important que vous structuriez cette envie d'autonomie.

Établir un plan de bataille peut vous paraître ennuyeux ou trop sérieux pour un loisir… Détrompez-vous ! Plus vous serez efficaces et organisés, plus votre projet aura de chances d'aboutir et donc, plus vous y prendrez de plaisir. Pour le même temps de travail et les mêmes efforts, autant rentrer à la maison avec son panier rempli de légumes, plutôt que d'échecs et de déceptions !

Définir un emplacement

Nous avons tous en tête un petit coin de paradis orienté plein Sud, à l'abri du vent et avec, en fond, des licornes gambadant ! Malheureusement, il faudra bien souvent vous contenter du morceau de jardin que votre conjoint voudra bien vous laisser cultiver, là-bas tout au fond. Pas d'inquiétude, le meilleur emplacement et la meilleure terre, c'est avant tout celle que l'on possède et où l'on décide d'enfin se lancer. Mieux vaut quelques vrais légumes d'un mini-potager coincé entre le toboggan des enfants et la niche du chien, que des légumes imaginaires du potager que vous lancerez l'année prochaine… quand vous aurez enfin trouvé le spot parfait.

« Le meilleur emplacement et la meilleure terre, c'est avant tout celle que l'on possède et où l'on décide d'enfin se lancer. »

Dans l'idéal, il faut quand même faire attention à trois choses : le soleil, la capacité du sol à absorber l'eau et sa qualité. Plus votre morceau de terrain sera baigné de lumière, mieux ce sera. Il est beaucoup plus facile de planter des arbres pour générer de l'ombre que de couper une haie pour faire entrer le soleil. Pensez aussi à bien vérifier l'accès de la lumière en tout début de printemps quand les rayons du soleil ont encore un angle très rasant.

C'est l'été, les jardins sont pleins.

Connaître le terrain où l'on installe sa future production est également important pour évaluer sa capacité à absorber l'eau. Si l'endroit ressemble la moitié de l'année à un pédiluve : oubliez ! Un bon moyen de vérifier que l'eau ne stagne pas sous les premiers centimètres du sol est de creuser. Si la terre sent la vase ou si vous décelez des traces d'oxydation (morceaux de terre rougeâtres), il faudra trouver un autre emplacement.

En ce qui concerne le sol, la seule chose rédhibitoire est la présence d'éventuelle pollution. Vérifiez bien l'historique du terrain auprès des anciens propriétaires, des voisins ou de la mairie. Pour le reste, il est plus facile de débuter dans un sol profond et fertile que dans un champ de cailloux, mais toutes les terres finissent par s'aggrader (c'est-à-dire qu'elles se régénèrent naturellement) avec de bonnes pratiques.

Pourquoi réaliser une analyse de sol ?

Pour une centaine d'euros, vous pouvez faire réaliser une analyse de sol par un laboratoire. Les données définiront avec précision la composition de votre sol (argile, limon, sable), le taux de matière organique et la quantité d'éléments minéraux de base disponibles pour les plantes. On s'en passe aisément, et l'observation peut vous aider à déterminer par vous-même de nombreux éléments. Cependant, il peut être intéressant de faire une analyse tous les 5 ans et de valider par des données scientifiques les principes de culture que vous allez mettre en place.

L'importance de la matière organique

Entre 0 % et 1,5 % : **très faible, les légumes vont manquer de nourriture. Préparez les brouettes de fumier !**
Entre 1,5 % et 2,5 % : **pas idéal, mais avec du travail, on va y arriver !**
Entre 2,5 et 3,5 % : **c'est déjà mieux, la plupart des légumes ont ce qu'il faut pour démarrer.**
Au-dessus de 4 % : **c'est la fête du slip !**

Avoir un point d'eau

Pour germer, s'enraciner, puis pousser et se reproduire, les légumes ont besoin d'eau. Impossible d'isoler cette donnée de l'équation. Bien sûr, à travers ce livre, nous allons essayer de vous transmettre des techniques de culture économes en eau, mais gardez bien ceci à l'esprit : pas d'eau = pas de légumes !

L'une de nos mares.

Dans l'idéal, un accès à l'eau à proximité est une économie de temps et d'énergie garantie. D'un simple robinet avec un tuyau, à la création d'une mare ou de bidons de récupération à l'arrivée des gouttières, il existe des dizaines de solutions. Adaptez-vous selon votre contexte et vos capacités de bricolage.

Dimensionner son projet en fonction de ses objectifs

Produire quelques délicieux légumes d'été et des fraises pour faire plaisir aux copains ou viser l'autonomie alimentaire d'une famille nombreuse... À chaque projet sa surface et donc son temps et l'investissement correspondant. Le plus important est de ne pas surdimensionner son potager. En cultivant trop grand, vous pouvez vite être dépassé par le travail, ne pas accorder suffisamment d'attention à vos cultures, avoir des récoltes en dessous de vos attentes et donc vous décourager.

Prenons l'exemple d'une famille de quatre personnes qui viserait l'autonomie alimentaire : nous considérons qu'elle devrait cultiver environ 500 m². Si vous débutez, ne commencez pas directement sur cette surface. Laissez-vous 3 à 4 années pour y arriver en augmentant la surface à chaque nouvelle saison. Grandir un peu chaque année va vous permettre de vous améliorer en même temps que votre potager grandit.

Les serres, indispensables ?

Cela dépend tout d'abord de votre climat. Si comme nous, vous habitez en Normandie et que vous voulez manger des aubergines, c'est un outil qui va être essentiel ! Même au Sud, sous des climats beaucoup plus cléments, une ou plusieurs serres permettent d'allonger la saison de culture, mais aussi de la commencer plus tôt. Les serres servent aussi à protéger les premiers semis qui seront transplantés dehors, aux beaux jours.

« Le plus important est de ne pas surdimensionner son potager. »

À la ferme, nous arrivons à produire des légumes toute l'année pour nos clients grâce à nos 6 tunnels. Pour un potager, une serre peut s'acheter, mais aussi s'autoconstruire (si vous êtes plutôt bricoleurs). Sur les sites de ventes entre particuliers, vous trouverez de bonnes occasions et parfois une serre professionnelle de seconde main vous coûtera la même chose qu'une serre amateur flambant neuve.

« Est-Ouest » ou « Nord-Sud » : peu importe. Le plus important est de la positionner à l'endroit où le vent est le moins vigoureux sur votre terrain et de placer plutôt les entrées face au vent dominant que de côté. Enfin, une partie de votre serre peut servir d'abri pour vos outils, pots, bâches…

Dessiner son terrain

Quelques heures perdues devant l'ordinateur pour des dizaines d'heures de travail économisées au potager : ça vaut pour les pros, mais aussi pour les amateurs ! Avant de se mettre au chaud devant l'écran, ne négligez pas la phase d'observation et de détermination du meilleur spot. À la ferme, nous avons utilisé une méthode très simple quand nous avons dessiné nos jardins et positionné nos serres. Nous avons téléchargé une image aérienne du terrain, puis créé, à l'échelle, des rectangles de couleurs représentant nos emplacements de culture dans PowerPoint. Il suffit ensuite de superposer l'image aérienne sur les dessins et ainsi, vous pouvez déplacer, bouger, interchanger les éléments à l'infini.

Dans la conception de votre espace, pensez bien à l'uniformisation de vos zones de cultures. Des planches de cultures de la même taille permettent d'utiliser vos bâches, filets de protection, voiles d'hivernage… sur n'importe quel espace. Tout devient interchangeable et utilisable partout à la fois. Même gain de temps quand vous devez calculer la densité d'un semis, estimer le nombre de kilos d'une récolte

Un coup de grelinette avant de semer les fèves.

ou combien de plants repiquer sur une planche. Pensez également à l'intégration et à l'ombre des arbres fruitiers que vous planterez peut-être plus tard et laissez-vous la possibilité de circuler facilement avec des outils ou une brouette.

Des bâches à la place d'un motoculteur

Évacuons tout de suite un sujet sensible : le plastique ! Oui, nous utilisons (un peu) de plastique dans nos itinéraires de cultures. Des toiles tissées en polypropylène et des bâches d'ensilage (noires et épaisses de 200 microns) nous permettent de réchauffer le sol et de limiter notre temps de désherbage (voir « Le bâchage des cultures », p.112-113).

Ces bâches possèdent leur propre filière de recyclage et peuvent être récupérées chez les éleveurs qui les changent chaque année, alors qu'en maraîchage, leur durée de vie est de 5 à 7 ans. Nous choisissons de les employer car elles nous permettent de ne pas labourer et de ne pas utiliser d'outils pour travailler notre sol. Pour nous, la vie du sol est la chose plus importante. Finalement, le peu de carbone utilisé pour la fabrication de la bâche nous permet d'en stocker tellement dans le sol que le ratio positif/négatif est largement en faveur de la bâche.

Prendre le temps de bâcher

Quand on part d'une pelouse, d'une pâture ou d'une prairie, il faut compter 6 mois de belle saison pour que la bâche soit efficace dans la destruction des végétaux. Après quelques semaines, si vous la soulevez, vous aurez l'impression que tout est mort en dessous et que la terre est prête à accueillir les cultures. Grosse erreur ! Il faut que les vivaces (rumex, chardons, renoncules, plantains…) grillent leurs réserves racinaires pour que vous soyez tranquilles. Ici, en Normandie, la bâche est efficace d'avril à fin octobre. Pour grandir petit à petit, comme nous l'avons évoqué un peu plus haut, il vous suffit de décaler vos bâches « de préparation » chaque année.

Laisser passer presque une saison entière, est-ce que ça vaut le coup ? Oui, dix fois « oui » ! D'abord parce qu'une saison de préparation, ce n'est rien à l'échelle de la régénération de l'endroit que vous allez cultiver sur de nombreuses années et que vous transmettrez peut-être. Ensuite, parce qu'éviter un passage de motoculteur pour retourner votre terrain vous garantira de grandes économies de temps par la suite, mais surtout une fertilité décuplée et donc des légumes plus sains, plus résistants et plus nourrissants pour les mêmes efforts. Pour la première année, nous avons des solutions pour « détruire » la prairie ET cultiver… Rendez-vous dans les fiches techniques des courges et choux d'hiver (voir p.64 à 67 et 95).

Quel budget ?

Une serre ou deux, quelques bâches, peu d'outils et éventuellement un petit système d'irrigation. Pour lancer son potager sérieusement, il faut avancer un billet de quelques centaines d'euros. Cette somme varie selon votre facilité à trouver du matériel d'occasion et vos talents de bricoleur. Mais cette mise de départ doit prendre en compte les économies que vous allez réaliser. Et si vous êtes un minimum sérieux, en suivant nos techniques, promis, vous en réaliserez !

Pour faire passer la pilule des investissements, dites-vous que vous arriverez facilement à produire, dès la première année, une trentaine d'euros de légumes par semaine sur une moitié d'année. Ce chiffre est largement réalisable et franchement sous-estimé. Avec deux kilos de tomates, deux de courgettes, un de fraises et une livre de haricots, vous y êtes ! Et sur 25 semaines, vous voilà déjà à 750 euros d'économies…

Trois conseils garantis « testés et approuvés sur le terrain »

Pour finir et avant de rentrer dans le vif du sujet, voici quelques conseils, qui, nous l'espérons, vous seront précieux. Ces conseils, nous les avons suivis lorsque nous débutions.

1. Être régulier. Il ne faut pas que jardiner devienne une corvée. Il vaut mieux y consacrer 20 minutes tous les jours plutôt que 2 heures une fois par semaine. Faites-en un peu quotidiennement pour ne pas être dégoûté des tâches difficiles. Venir tous les jours, ou très régulièrement dans votre potager, va vous aider à suivre les cultures et pouvoir identifier le plus tôt possible les attaques de maladies et de ravageurs. Installez une routine en couplant vos tours au jardin avec une habitude que vous avez déjà (en rentrant d'aller courir, juste avant le repas du soir, après la sortie du chien…).

2. Ne pas oublier de prendre des notes. Un petit carnet, une application sur le téléphone, peu importe. Ce qui est essentiel, c'est de conserver vos observations, mais aussi un maximum de données : date de semis, de levée, de récolte, quantité de graines pour une ligne de 15 m, pourcentage de germination des graines d'aubergines… Cela vous sera d'une grande aide d'une année sur l'autre et vous fera gagner un temps précieux lors de votre planification et vos commandes de graines.

3. Enfin, et cela peut s'appliquer à-peu-près tout dans la vie, rester positif ! Au début, tout ne va pas forcément marcher. Ou bien, on achètera votre livre l'année prochaine ! Mais vous n'allez pas tout rater non plus ! Gardez en tête ce qui marche, concentrez-vous sur le positif. Tous les jours, notez les échecs, mais retenez surtout les réussites. Le semis de carottes s'est fait dévorer ? Oui, mais vous avez ramassé un kilo de fraises succulentes ! Les tomates ont le mildiou ? Oui, mais les haricots n'ont jamais autant donné et le congélateur en est plein ! Les premières années, pour durer et avoir envie de continuer et d'agrandir votre potager : positiver, c'est essentiel !

COMMENT UTILISER NOS FICHES ?

Cet ouvrage présente à la fois des fiches plantes des légumes que nous cultivons et des fiches techniques expliquant nos méthodes de culture. Nous avons fait le choix de classer les fiches plantes par saison de semis.

Vous retrouverez sur chaque **fiche plante** différentes informations.

Tout ce qu'il faut savoir sur le semis, la plantation, la récolte...

Le niveau de difficulté

Un petit coup de pouce technique

Certains légumes nécessitent davantage de connaissances, c'est le cas des tomates ou des courges par exemple. Nous avons donc rédigé des **fiches focus** afin de vous apporter toutes les informations nécessaires à leur culture.

Des encadrés sur nos méthodes

Des photos des gestes à réaliser

Enfin, nous souhaitions vous partager nos méthodes de culture, nos essais, nos réussites et nos échecs pour vous aider à vous lancer en maraîchage, grâce à plusieurs **fiches techniques**.

Nos conseils et retours d'expérience

Tous à vos potagers ! Et bonne lecture !

L'hiver

C'est le moment de l'année où l'on ne fait pas grand-chose… au jardin ! Pour le reste, nous sommes persuadés qu'une bonne saison passe par un plan de bataille ordonné. Et l'hiver est le moment idéal pour le mettre en place.

Organiser sa planification à l'aide des notes prises tout au long de l'année (et pourquoi pas de ce livre…), rechercher de nouvelles variétés de légumes et commander ou échanger ses graines, réparer et acheter le matériel nécessaire à la saison, monter des serres, fabriquer un poulailler… Si on veut améliorer son potager au sens large, les idées ne manquent pas. Fin janvier, selon votre zone géographique et votre place sous serre, c'est l'heure des premiers semis en place et en pépinière. Si vous avez des fruitiers, c'est aussi le moment de mettre quelques coups de sécateurs.

Aubergine

Solanum melongena

Solanacées

Nos variétés

Nous aimons cultiver l'aubergine 'De Barbentane', très productive même en Normandie, la 'Rosa Bianca' parce qu'elle est délicieuse, la 'Violette De Toulouse', jolie, goûteuse et productive et la 'Tsakoniki', une aubergine violette zébrée.

Le rendement

'Rosa Bianca' : 3 kg par pied

Aubergines longues : 4 kg par pied

Le semis

Nous semons début février en terrine en alignant une graine tous les centimètres. Nous repiquons en mars quand les plants ont deux vraies feuilles, et nous les plaçons dans des godets de 6 x 6 cm.

BON À SAVOIR

La qualité de nos plants d'aubergines s'est nettement améliorée depuis que nous avons des tables chauffantes.

La plantation

Nous plantons sur deux rangs tous les 45 cm. Pas de taille des aubergines chez nous, cela retarde un peu la mise à fruit, mais améliore la productivité.

Coup de pouce technique

Contrairement à sa cousine la tomate, nous plantons l'aubergine sur toile tissée. Nos expériences sur paille ont été très décevantes. L'aubergine a un gros besoin de chaleur et la paille retarde le réchauffement du sol, ce qui n'est pas le cas de la toile.

La récolte

Récoltez vos aubergines entre juillet et octobre.

Aubergine 'Violette de Toulouse'

Chou pointu 'Cœur De Bœuf Des Vertus'

Chou pointu

Brassica oleracea var. capitata

Brassicacées

Nos variétés

Les choux pointus font partie de la famille des choux cabus. Ce sont des choux précoces à feuilles lisses qui se consomment aussi bien cru que cuit. Nous aimons cultiver le 'Cœur De Bœuf Des Vertus' et le 'Pointu De Chateaurenard'.

Le rendement

Un gros chou par plant

Le semis

Nous semons de février à avril. À cette période, il faut compter 6-7 semaines entre le semis et la plantation.

La plantation

Plantez vos choux sur 3 rangs avec un espacement de 50 cm sur le rang. Contrairement aux choux d'hiver, ils sont plantés sur bâche pour favoriser le réchauffement du sol.

Coup de pouce technique

À cette période, vos choux ne devraient pas subir les attaques des voraces chenilles, mais restez tout de même vigilants. En revanche, il faudra penser à protéger vos jeunes plants contre le gel.

La récolte

Dès que le cœur du chou est bien dense, il est prêt pour la récolte. Le chou pointu se marie bien avec les saveurs asiatiques. À consommer cuit comme un chou d'hiver, mais aussi cru en salade. Notre conseil : chou pointu émincé, cacahuètes hachées et sauce pour nems, un délice !

Endive

Cichorium intybus

Astéracées

« L'endive, c'est super difficile à faire ! », « L'endive, ça tombe malade ou ça verdit ! ». On vous entend déjà râler… Oui, l'endive peut être compliquée à cultiver, mais c'est surtout délicieux, particulièrement au cœur d'un triste hiver ! Et puis, si tout était si facile au jardin, cela serait beaucoup moins drôle… Nous vous proposons ici une technique que nous avons expérimentée à la ferme et nous espérons que vous pourrez ainsi épater vos copains.

Nos variétés

Nous n'avons pas de variété d'endives favorite, nous cultivons toutes celles que nous pouvons trouver en bio.

Habillage des racines d'endives

Et si je faisais mes propres racines ?

Pour la quantité d'endives que nous produisons, nous avons ni assez de place, ni le matériel suffisant pour produire toutes nos racines. Par conséquent, nous avons fait le choix d'acheter des racines d'endives dans une ferme biologique et de réaliser nous-mêmes à la ferme ce que l'on appelle le forçage.

Vous pouvez quand même essayer de produire vos propres racines avec un semis au mois de mai, en suivant le même processus de semis que pour les panais (voir p.71). Il faudra ensuite les sortir de terre à l'aide d'une solide fourche bêche et les garder au frais avant de les mettre à forcer.

La préparation des racines

Pour simplifier notre travail, nous avons choisi de placer les racines dans des caisses de récolte en plastique. Ainsi, une fois la récolte des endives terminée, il nous suffit de soulever les caisses pour extraire les racines. Vous pouvez tout à fait planter vos racines d'endives directement dans la terre, mais comme elles sont grosses, une fois bien installées, vous allez suer pour réussir à les arracher.

Nous plaçons nos racines d'endives bien serrées dans des caisses. Il faut forcer un peu pour qu'elles y soient très serrées ! L'idéal est de les trier par taille pour rassembler dans une même caisse toutes celles qui sont (à-peu-près) de la même longueur. À ce stade, la pousse n'est pas censée avoir déjà commencé ; alors, si une petite endive pointe le bout de son nez, vous pouvez, avec un couteau bien aiguisé, délicatement couper les petites feuilles en haut de la racine.

Il faut bien serrer les endives dans les caisses.

La mise en place

Une fois vos caisses prêtes, il va falloir creuser ! Sur une planche de culture, dans une serre, nous creusons une tranchée de la largeur de la caisse. Lorsque qu'elles sont disposées au fond de la tranchée, rabattez la terre sur les côtés et le dessus de la caisse. Attention toutefois à ne pas enterrer complètement vos racines. L'idée est plutôt d'étaler de la terre entre les endives, mais il faut bien que le haut de la racine affleure.

Si vous avez choisi de ne pas mettre vos racines dans des caisses (on vous aura pourtant prévenu !), il vous suffit de creuser une tranchée de la profondeur des plus hautes racines. Positionnez vos racines bien serrées au fond de la tranchée et mettez de la terre entre vos endives. Et surtout, arrosez abondamment.

La méthode Gobettes

Les endives peuvent être récoltées de janvier à avril. La mise en place doit se faire un mois et demi avant. Nous vous conseillons d'étaler vos mises en place pour avoir des endives sur toute la période. À la ferme, nous en plantons 3 séries espacées d'un mois de mi-décembre à mi-février.

La couverture

Une fois vos racines bien installées dans la terre, il est temps de leur confectionner un nid douillet. L'endive aime la chaleur, mais pas trop, sinon, elle rougit. L'humidité, mais pas trop non plus, sinon, elle tombe malade. Et le noir bien sombre, sinon, elle verdit. Bref, l'endive est extrêmement exigeante !

Les racines sont prêtes à passer 6 semaines dans le noir.

Le « cassage » lors de la récolte des endives.

Disposez des arceaux au-dessus de votre tranchée (assez serrés, car ils auront un certain poids à porter). Sur les arceaux, nous disposons un voile de forçage, puis une large bâche d'ensilage. Sur ce petit tunnel, nous mettons 20 cm de paille (cela peut être du foin), l'idée étant d'isoler nos endives et de les garder bien au chaud. Ensuite, nous replions la bâche par-dessus la paille. Il faut faire bien attention à ce que les racines soient dans l'obscurité la plus totale.

De la surveillance à la récolte

Il ne faut pas hésiter à surveiller l'évolution de vos endives régulièrement : vérifiez que le sol est encore bien humide et que tout se passe bien. L'idéal est de ne pas réarroser les endives une fois en place. Normalement, à cette époque de l'année et avec la bâche, l'humidité est garantie. Enfin, après un mois et demi, il est l'heure de faire votre première récolte ! Pas besoin de couteau, il suffit juste de casser l'endive en la penchant sur le côté (c'est ce qu'on appelle le « cassage »).

Et ensuite ?

Une fois les endives récoltées, il suffit de sortir les caisses, vider les vieilles racines dans votre compost et remettre la terre mise sur le côté dans la tranchée. Vous pouvez profiter de cette planche où le sol a été bien retourné pour mettre en place un légume tel que la patate douce qui n'aura pas de mal à faire sa place dans ce sol ameubli (voir p.72-73).

LA RECETTE DES GOBETTES

Salade d'endives à l'italienne

Nous vous proposons une recette pour changer de la traditionnelle salade endives/pommes/noix.

Ingrédients

3 doses d'huile d'olive
2 doses de vinaigre de cidre
5-6 anchois marinés au sel
Du parmesan râpé
Un peu de poivre

1. Mélangez dans un pot de confiture l'huile d'olive, le vinaigre, le poivre, les anchois coupés en petits morceaux et une petite poignée de parmesan râpé. Fermez votre pot de confiture et secouez bien fort pour émulsionner votre sauce.
2. Rincez délicatement vos endives et séchez-les dans un torchon propre.
3. Coupez-les en fins tronçons d'un ou deux centimètres d'épaisseur. Mettez-les dans un saladier, versez la sauce aux anchois et mélangez bien. C'est prêt !

Fenouil primeur 'Zefa Fino'

Fenouil

Foeniculum vulgare

Apiacées

Nos variétés

Nous cultivons le fenouil 'Zefa Fino', précoce, à favoriser pour le printemps et le 'Finale', mi-précoce pour les récoltes d'automne.

Le rendement

Les fenouils font environ 200 g par pied.

Le semis

Les variétés anciennes n'ont pas la même résistance à la montaison (autre nom de la montée à graines) que les variétés hybrides ; on ne peut donc pas les cultiver toute l'année. Il y a ainsi deux périodes de semis : en février-début mars pour une récolte en primeur au printemps, et en juin-juillet pour une récolte d'automne. Nous semons dans des mottes de 3 x 3 cm, une graine par motte. Comptez 2 mois du semis à l'obtention du plant. La germination du fenouil est parfois délicate, n'hésitez pas à semer plus de graines que ce dont vous avez besoin pour assurer votre culture.

La plantation

Nous plantons les fenouils sous serre, 4 ranges sur toile tissée avec un espacement de 20 cm sur le rang.

La récolte et la conservation

Le fenouil se coupe au niveau de la tige, au collet. Les fanes peuvent être utilisées comme de l'aneth, pour parfumer une sauce ou l'intérieur d'un poisson.

Laitue

Lactuca sativa

Astéracées

Nos variétés

En plein champ, nous aimons cultiver la laitue 'Avenir', pour ses feuilles de chêne vertes, et la rouge 'Macaï'. Sous abri, pour les salades récoltées en fin d'année et au printemps : la 'Kitsch' aux feuilles de chêne vertes, et la laitue 'Batavia d'Abri Ferega'.

La 'Cressonnette Du Maroc' est une salade très agréable que nous cultivons toute l'année. Et notre coup de cœur pour l'automne est une salade croquante et juteuse : la laitue 'Batavia Iceberg Diamantinas'.

Le rendement

Une salade par pied.

Le semis

Nous semons en mottes de 3 x 3 cm, une graine par motte. Nous faisons des semis tous les 15 jours pour avoir une récolte étalée dans l'année. Mais nous arrêtons les semis entre fin juin et mi-août, car les salades plantées en été montent trop vite à graines.

La plantation

Plantez sur une bâche tissée sur 4 rangs avec un espacement de 20 cm sur le rang.

Coup de pouce technique

Le repiquage des salades par temps chaud est toujours délicat, car les feuilles des jeunes plants peuvent brûler sur la bâche. Nous vous conseillons de les planter en fin de journée quand le soleil est moins fort.

La récolte et la conservation

Pour la récolte, coupez la tige de la salade et laissez sur place les feuilles du dessous qui peuvent être abîmées. Nous vous conseillons de récolter vos salades à la fraîche le matin et de bien les mouiller pour qu'elles se conservent mieux.

Salade feuilles de chêne de plein champ, 'Avenir'

Oignons 'Stuttgarter'et 'Red Baron'.

Oignon

Allium cepa

Alliacées

Nos variétés

Nous cultivons l'oignon 'Red Baron', le 'Sturon' et le 'Stuttgarter'.

Le rendement

5 à 6 kg par m^2

Le semis

Les oignons font partie des quelques légumes dont nous achetons les « plants », c'est-à-dire que nous achetons des bulbilles que nous plantons de février à fin mars. Si vous préférez semer : 3-4 graines par motte de 3 x 3 cm et vous obtiendrez des plants avec lesquels vous pourrez suivre l'itinéraire technique suivant.

BON À SAVOIR

Pour gagner de la place, nous plantons aussi des oignons le long des premiers semis de haricots et entre les rangs de betteraves et carottes primeurs.

La plantation

Plantez vos oignons sur lit de compost sur 5 rangs en quinconce et tous les 10-12 cm. Vous pouvez recouvrir d'une fine couche de paille pour limiter encore plus l'enherbement.

Les ravageurs

Placez un filet anti-insectes pour empêcher la mouche de pourrir la récolte. Attention, c'est la seule culture, avec l'ail, pour laquelle nous utilisons des arceaux ; les oignons ne supportent pas bien le poids du filet.

La récolte et la conservation

Pour une consommation immédiate, notamment en oignons nouveaux, récoltez-les dès que vous voulez. Pour les conserver, attendez que le feuillage soit fané aux deux tiers. Dès que la météo prévoit plusieurs jours de soleil, arrachez-les et laissez-les sur place. Après quelques jours, rentrez-les dans un endroit sec et bien ventilé pour finir le séchage. Ensuite, stockez-les au sec dans des cageots.

Pomme de terre

Solanum tuberosum

Solanacées

Nos variétés

Pour une chair ferme, nous cultivons la 'Nicola', la 'Chérie' (notre préférée), la 'Reine' et la 'Charlotte'. Pour une chair tendre, la 'Désirée'. Ce sont des variétés que nous avons testées et que nous vous recommandons pour une culture sans travail du sol.

Le rendement

Environ 5 kg par m²

Le semis

Pas de semis pour les pommes de terre, elles se replantent à partir de celles de l'année précédente. Vous pouvez ainsi garder une partie de votre récolte (les petits calibres par exemple) pour votre plantation suivante.

La plantation

Nous mettons en place nos pommes de terre fin mars, généralement à la place du jardin des courges de l'année précédente. Il suffit de débâcher et d'arracher les adventices qui ont pu pousser à la place des courges. Ensuite, nous posons les pommes de terre directement sur le sol nu, nous les recouvrons de 10-15 cm de tonte fraîche, puis nous recouvrons d'une épaisse, très épaisse, couche de paille, au moins 40 cm ! Tassez bien pour éviter à la lumière de pénétrer, cela verdirait vos pommes de terre.

Les maladies et les ravageurs

Le mildiou peut toucher vos patates en cas de saison très pluvieuse. Dans ce cas, certains préconisent de broyer le feuillage (avec une débroussailleuse par exemple) pour éviter la propagation de la maladie dans les bulbes.

Côté ravageurs, méfiez-vous du taupin ! La larve de ce coléoptère est un grand fan de nos précieux tubercules et le fait de ne pas travailler le sol rend notre culture plus sensible à ce petit insecte gourmand. Nous choisissons donc des variétés qui l'attirent peu. Nous vous déconseillons par exemple la variété 'Allians', très sensible à ces attaques.

Méfiez-vous également du doryphore, ce joli petit scarabée qui peut ravager votre culture en peu de temps. Seule solution, bien surveiller vos plants et dès que vous l'apercevez (ou ses vilaines larves), on ramasse tout ce petit monde à la main et on s'en débarrasse.

La récolte et la conservation

Vous pouvez récolter les pommes de terre nouvelles dès le mois de juillet au fur et à mesure de vos besoins. Ensuite, vous pourrez tout récolter au mois d'octobre et les stocker dans une pièce fraîche et surtout bien à l'abri de la lumière.

Coup de pouce technique

Lors de la récolte, laissez sur place les patates vertes ou abîmées, et ré-étalez bien la paille. Vous pourrez alors refaire une récolte de patates nouvelles fin mai-début juin, nous les appelons nos « patates gratuites » ! Puis, vous pourrez y installer vos poireaux !

Il suffit de soulever la paille pour trouver des trésors.
Ici, récolte des pommes de terre 'Reine'.

Poivrons 'Pantos'

Poivron

Capsicum annuum
Solanacées

Nos variétés

En Normandie, on sent que nous ne sommes pas au pays de la piperade ! Si vous êtes au nord de la France, évitez de planter les gros poivrons carrés que nous avons l'habitude de voir chez les primeurs, ils mettent trop de temps à se colorer dans nos régions fraîches. Notre *hit*, c'est la variété 'Pantos'. Ce sont des poivrons pointus qui ressemblent à de gros piments, très productifs, et qui rougissent rapidement. Pour avoir un peu de diversité, nous cultivons également le poivron 'Chocolat', le 'Corno Di Bue Giallo' ou encore le 'Doux Long Des Landes'.

Le rendement

Grosse différence de rendement selon les variétés. Pour le 'Pantos', une vingtaine de poivrons par pied.

Le semis

Le semis du poivron est similaire à celui de l'aubergine (voir p.26). Nous semons début février et nous repiquons en mars dans des godets de 6 x 6 cm.

La plantation

Comme pour le semis, vous pouvez vous référer à l'aubergine pour la plantation des poivrons.

Coup de pouce technique

La culture du poivron demande de la chaleur. Pour avoir de beaux plants à mettre en place en mai, vous pouvez investir dans une nappe chauffante ou construire une table chauffante dans votre pépinière **(voir p.85-86).**

Rhubarbe

Rheum rhaponticum

Polygonacées

Nos variétés

Nous cultivons la 'Victoria', une variété rustique à grandes tiges charnues bien adaptée à notre climat.

Le rendement

Au moins 1 kg par pied

Le semis

Nous semons notre rhubarbe en mottes de 6 x 6 cm, une graine par motte, au début du printemps.

BON À SAVOIR

La rhubarbe peut rester des années en place. Vous pourrez même séparer le pied en plusieurs morceaux lorsqu'il sera trop gros et replanter ces repousses ailleurs.

La plantation

La rhubarbe aime la mi-ombre et les sols frais. À la ferme, nous l'avons plantée sur toile tissée aux pieds de nos arbres fruitiers.

Coup de pouce technique

Pensez à tailler les fleurs pour que la plante se concentre sur sa production de feuilles et donc de tiges.

La récolte et la conservation

Nous coupons les tiges extérieures pour laisser celles du centre, plus petites, se développer. Attention, ne mangez pas les feuilles qui contiennent de l'acide oxalique, toxique si ingéré en grande quantité ! Vous pourrez l'apprécier en clafoutis, ou associée à de la pomme en crumble. Elle est aussi délicieuse en confiture mariée avec des fraises !

La rhubarbe est plantée aux pieds des arbres fruitiers.

Commander et stocker vos graines

Chaque année, la réception des catalogues de graines nous replonge dans l'enfance. Nous les feuilletons, entourons les références qui nous intéressent, cherchons avec excitation les dernières nouveautés ! Comme des enfants feuilletant un catalogue de jouets à Noël ! La commande des graines est un travail qui prend chaque année plusieurs jours. Nous le faisons au mois de décembre pour être sûrs d'avoir les variétés que nous voulons !

Les semenciers

Nous travaillons avec plusieurs semenciers depuis le début de notre aventure. Comme nous avons fait le choix de ne cultiver aucune variété hybride, dites « F1 », nous avons sélectionné des semenciers qui proposent un large choix de variétés anciennes, aussi appelées « variétés populations ».

Agrosemens : c'est notre principal fournisseur de graines. Il propose des variétés hybrides, mais leur choix de variétés anciennes est vraiment intéressant. Surtout, leurs semences sont très fiables, leurs taux de germination toujours optimums, et quand nous avons une « urgence graine » (s'il nous manque une semence alors que nous devons faire le semis dans la semaine), ils sont toujours à l'écoute et nous recevons les graines dans les 48h.

Notre métier est lié au vivant, pour faire pousser nos légumes, nous dépendons des aléas climatiques : gel, vent, sécheresse... ce n'est pas facile tous les jours ! Alors avoir des graines sur lesquelles on peut compter, c'est fondamental !

Germinance : nous aimons le côté militant de cette entreprise. Chez eux, aucune variété hybride. Ils proposent une belle gamme de semences exclusivement anciennes.

Kokopelli : ce semencier très célèbre a un catalogue offrant une grande diversité de variétés. Malheureusement, nous n'avons eu que des mauvaises expériences avec les semences que nous avons commandées chez eux, avec des taux de germination très décevants. Si vous cherchez vraiment une variété spécifique que vous ne trouvez que chez eux, pourquoi pas, sinon passez votre chemin.

Échanger des graines entre particuliers

Il peut aussi être intéressant d'aller à la recherche de graines originales, de semences locales, en contactant des associations ou des maraîchers locaux. Mais attention tout de même, pour certaines variétés, il est compliqué de garantir qu'elles ne soient pas croisées. Grâce à des amis maraîchers, nous avons récupéré des graines de melon sucrin de Honfleur et de haricots 'Coco de Pont Audemer', deux vieilles variétés locales que nous avions hâte d'expérimenter.

Nous n'avons que des variétés anciennes dans nos serres de tomates.

Le choix des variétés

Les catalogues de professionnels vous donnent une multitude d'informations qui peuvent vous aider à élaborer votre planification : température de germination, temps d'obtention d'un plant à partir du semis, cycle de la plante (c'est-à-dire le temps entre la plantation et l'obtention du légume), précocité… Toutes ces informations vont vous permettre d'établir votre calendrier de semis et de plantation, mais aussi de vous orienter vers les variétés qui vont correspondre à vos besoins et envies : formes, couleurs, qualités gustatives… C'est le moment de se faire plaisir et de mettre de la joie dans votre jardin et dans vos assiettes !

Quelle quantité commander ?

Regardez bien la grille des prix dans les catalogues de semences. Souvent, plus on en commande, plus c'est intéressant. Pour des tomates par exemple, commander 2 x 20 graines vous coûtera autant, voire plus cher, qu'une commande de 50. Attention tout de même à ne pas vous retrouver avec de trop grandes quantités de semences. Le taux de germination des graines baisse au fil des années ; pour garder des graines optimales, mieux vaut ne pas les conserver trop longtemps. À la réception des colis, nous indiquons sur chaque sachet de graines la date d'achat pour mieux maîtriser la qualité de notre stock.

Test de germination maison

Attendez avant de mettre à la poubelle une semence plutôt ancienne qui vous reste en grande quantité ! La solution peut être de faire un test de germination maison. Semez 20 graines, multipliez le nombre de celles qui ont germé par 5 et vous obtiendrez un taux de germination. Prévoyez de faire ce test plusieurs semaines avant le semis prévu pour la mise en place au jardin, sinon vous risquez de vous mettre en retard sur votre planning.

Conserver vos graines

Les graines doivent être conservées dans un endroit sec et tempéré, à l'abri de toute humidité et de la lumière bien sûr, sinon vous risquez… de les faire germer ! Et méfiez-vous des ravageurs ! Nous avons vécu une drôle de mésaventure en 2021. Le bureau dans lequel se trouve notre meuble à graines a été envahi d'étranges petits scarabées. Il y en avait des centaines. C'est au bout de plusieurs jours et d'une observation minutieuse que nous nous sommes aperçus qu'il s'agissait de charançons du haricot. Le tiroir contenant nos sachets de graines de haricots était rempli de ces petites bestioles et toutes nos semences étaient percées de petits trous. Depuis, dès que l'on reçoit les graines de haricots, nous les plaçons dans des bocaux en verre. Ainsi, si un des sachets contient des charançons, ils ne pourront pas manger tout notre stock !

La taille des arbres

Tailler ça fait souvent peur. Entre les dingues du sécateur qui veulent tout couper et ceux qui ne veulent rien faire pour laisser l'arbre s'exprimer comme il l'entend, il faut trouver un juste milieu. L'important, c'est d'avoir un plan, une idée de ce que vous voulez faire de vos arbres. La question à se poser quand on coupe : à quoi je veux que mon arbre ressemble dans 10 ans.

Pourquoi tailler ?

Un arbre mal taillé est davantage sujet aux maladies, dues au manque d'aération et d'ensoleillement. Il peut être aussi plus sensible à la casse en cas de vent (ou encore gêner la circulation dans votre potager). De plus, le rendement en fruits sera moins bon et la cueillette, plus difficile. Cela constitue donc plein de bonnes raisons pour (ne serait-ce qu'un peu) tailler vos arbres fruitiers.

Quand tailler ?

Il est possible de tailler la plupart des fruitiers l'hiver et jusqu'à la reprise de végétation, soit avant mars ou avril selon les essences. Il ne faut surtout pas tailler lorsque la température est en dessous de 0 °C, la plaie risque de mal cicatriser et peut se transformer en porte d'entrée pour les maladies.

Où tailler ?

Nous vous conseillons de toujours essayer de couper une branche en entier. L'idéal est de couper entre la ride et le col, c'est-à-dire au niveau du bourrelet, à l'endroit où la branche s'insère dans le tronc. C'est une zone de multiplication cellulaire intense qui va permettre le recouvrement de la plaie et une bonne cicatrisation. Il faut éviter de couper au milieu d'une branche, car c'est une plaie qui va moins bien cicatriser et ce genre de coupe crée un stress pour l'arbre qui produira, en réaction, une grande quantité de gourmands.

Une coupe nette évite l'entrée de maladies.

Comment tailler ?

Pour tailler, nous utilisons un sécateur de bonne qualité, à la lame affûtée et soigneusement désinfectée. Placez le sécateur à la base de la branche en mettant la contre-lame (la partie fixe) du côté de la partie à retirer.

La taille de formation

Aux Gobettes, nous avons choisi, dans un premier temps, de planter des arbres « basses-tiges ». Ce sont des arbres moins vigoureux et donc moins hauts, ce qui facilite la cueillette, qui vont donner des fruits plus rapidement (au bout de 3 ans environ contre 6-7 ans pour les arbres « hautes-tiges ») et qui vont s'intégrer plus facilement dans un potager.

Nous avons donc choisi deux formes d'arbres : le solaxe et le gobelet, deux tailles moins contraignantes pour l'arbre (et par conséquent, pour nous).

La taille « en solaxe »

Un arbre « en solaxe » se constitue d'un axe principal duquel partiront les branches fruitières. Cette taille est vraiment très simple à réaliser et l'arbre est ainsi accompagné dans sa croissance naturelle. La seule contrainte est qu'en amont, les arbres doivent être palissés sur toute leur hauteur pour éviter qu'ils ne cassent (sous le poids des fruits ou à cause d'un vent violent). Les arbres « basses-tiges » sont aussi davantage sujet au déracinement à cause de leur faible enracinement.

Nous supprimons les branches trop basses (moins de 50 cm au-dessus du sol), qui, par leur proximité avec l'herbe et donc l'humidité du sol, peuvent être plus sensibles aux maladies. Nous sélectionnons les branches fruitières : ce sont les branches horizontales ou légèrement orientées vers le bas. Les branches trop verticales (dites « gourmands » ou « rameaux à bois ») vont favoriser la croissance de l'arbre plutôt que sa fructification. Les branches trop vigoureuses, dont le diamètre s'approche de celui du tronc, doivent être aussi supprimées pour ne pas déséquilibrer la structure de l'arbre. Enfin, nous faisons en sorte que les branches soient réparties de manière équilibrée autour du tronc pour favoriser l'entrée de la lumière et de l'air au sein de l'arbre.

La taille « en gobelet »

C'est une taille que nous utilisons sur nos arbres « basses-tiges » dont les porte-greffes sont un peu plus vigoureux : ils peuvent atteindre 4 à 5 mètres ce qui rend leur palissage complexe.

Cette taille consiste donc à sélectionner 5-6 branches verticales mais ouvertes, entre 50 cm et 1 m du sol. Si votre arbre a été taillé par le pépiniériste, il suffit de sélectionner les plus belles branches. Si vous avez acheté un arbre qui n'a pas encore été taillé, il va falloir lui couper la tête (oui, cela fait mal au cœur…). S'il a déjà des branches intéressantes, coupez le tronc au-dessus de celles-ci. Comme il s'agit d'une coupe franche, il est bon, tout de suite après la coupe, de lui appliquer un peu de mastic à cicatriser afin d'éviter l'entrée de maladies.

Qu'est-ce qu'un « porte-greffe » ?

Les « porte-greffes » sont les racines de l'arbre. C'est la variété de porte-greffes qui donne le tempo : si elle est assez vigoureuse, l'arbre aura une forte croissance, comme les arbres « hautes-tiges ». Si, au contraire, c'est une variété peu vigoureuse, l'arbre aura une croissance et un enracinement limités, c'est le cas des arbres dits « basses-tiges ».

Planifier pour mieux cultiver

La planification du potager, c'est un peu comme pour les abdos : il existe pléthore d'applications, gratuites (avec pub, bien sûr), payantes, innovantes ou encore révolutionnaires… Pour les abdos, il n'y a rien de plus simple que de poser ses fesses par terre et de commencer à descendre et à remonter. Pour la planification, c'est un peu pareil : pas besoin de moyens ultramodernes !

Un simple tableau Excel

Ou plutôt deux ! Mais n'ayez pas peur, on s'en sert simplement comme d'un grand tableau avec des cases à remplir. On pourrait même le poser sur papier, mais comme il est très pratique de faire et défaire à l'envie, la version numérique convient parfaitement !

Sur le premier tableau, on va noter la liste des variétés de légumes dans la première colonne et les semaines de l'année sur la première ligne. Ainsi, nous allons pouvoir organiser les semis directs, en plaques, les repiquages et les plantations des jeunes plants. Par exemple, ci-contre, on voit qu'en semaine 19, nous devons semer 1 plaque de 144 mottes de céleris 'Tango' et qu'en semaine 16, nous planterons les artichauts. Ce tableau permet à la fois d'avoir une vision d'ensemble du travail sur l'année et d'identifier très simplement les périodes intenses au jardin. On peut ensuite moduler les semis et les plantations pour ne pas se retrouver avec un surplus de travail une semaine donnée.

Sur le second tableau, nous allons reprendre l'ordre des semaines de l'année sur la première ligne, et sur la première colonne prendront place les différentes planches, carrés ou parcelles de notre jardin. Ainsi, en semaine 16 dans la serre 1, les carottes, pourpiers, endives, salades et radis laisseront la place à une partie des solanacées.

Lorsque l'on débute, on procède par dichotomie. Autrement dit, on passe d'un tableau à l'autre et l'on ajuste en fonction. Le tableau 1 est un peu celui de nos envies et d'un monde idéal. Toutefois, il se confronte au tableau 2 représentant la réalité de l'espace disponible à un instant donné. « J'avais prévu de semer des haricots sous serre en avril, mais je n'ai plus de place à cause des tomates… ».

Cet outil va vous permettre de réaliser tous les arbitrages nécessaires, mais surtout de maximiser vos successions de légumes sur un même espace. Avec ces tableaux, vous allez tout de suite vous apercevoir qu'une place est libre et pouvoir y prévoir une culture, un engrais vert ou un couvert pour éviter l'enherbement en attendant la suite.

	SEMAIME 14 - AVRIL	SEMAIME 15	SEMAIME 16	SEMAIME 17	SEMAIME 18 - MAI	SEMAIME 19	SEM
LEGUMES	Semi Direct	Semi en plaques	Semis en terrine	Semis en mottes	Repiquage en godets	Plantation	Réc
AIL							
ARTICHAUTS			PLANTATION				
AUBERGINES					PLANTATION		
BETTERAVE P GPT		SEMI DIRECT 0,5PL					
BETTERAVE ALVO							
BETTERAVE							
BETTERAVE CLDR							
BETTERAVE		SEMI DIRECT 2/3PL					
BETTERAVE		SEMI DIRECT 2/3PL					
BETTES BLANCHE B		PLANTATION					
BETTES COULEUR		PLANTATION					
BROCOLI RASMUS	PLANTATION			PLANTATION			
BROCOLI VIOLET							
CAROTTES RS		SEMI DIRECT 3PL					
CAROTTES							
CAROTTES LiLA lu							
CAROTTES JdD							
Carottes AMIVA							
CELERI RAVE					REPIQUAGE		
CELERI TANGO						1 plaque 144	
CHOUX POINTU	PLANTATION						
CHOU G DES						4 PLAQUES 144	

	SEMAIME 14 - AVRIL	SEMAIME 15	SEMAIME 16	SEMAIME 17	SEMAIME 18 - MAI	SEMAIME 19	SEM
Serre 1 Planche 1	Mesclun A	Roquette	Poivrons	Poivrons	Poivrons	Poivrons	
Serre1 Planche 2	Salade FATKO	Salade FATKO	Tomates S1	Tomates S1	Tomates S1	Tomates S1	
Serre 1 Planche 3	Radis S1	Radis S2	Tomates S1	Tomates S1	Tomates S1	Tomates S1	
Serre 1 Planche 4	Carotte	Carotte	Tomates S1	Tomates S1	Tomates S1	Tomates S1	
Serre 1 Planche 5	Carotte	Carotte	Tomates S1	Tomates S1	Tomates S1	Tomates S1	
Serre 1 Planche 6	Pourpier	Pourpier	Tomates S1	Tomates S1	Tomates S1	Tomates S1	
Serre 1 Planche 7	ENDIVES	ENDIVES	Aubergines	Aubergines	Aubergines	Aubergines	
Serre 2 Planche 1	PDT Nouvelle	PDT Nouvelle	PDT Nouvelle	PDT Nouvelle	PDT Nouvelle	PDT Nouvelle	
Serre 2 Planche 2	Pois Mangetout	Pois Mangetout	Pois Mangetout	Pois Mangetout	Pois Mangetout	Pois Mangetout	Pc
Serre 2 Planche 3	Petit POIS	Petit POIS	Petit POIS	Petit POIS	Petit POIS	Petit POIS	
Serre 2 Planche 4	Pois Mangetout	Pois Mangetout	Pois Mangetout	Pois Mangetout	Pois Mangetout	Pois Mangetout	Pc
Serre 2 Planche 5	Courgette	Salades	Courgette	Salades	Courgette	Salades	
Serre 2 Planche 6	Salades	Courgette	Salades	Courgette	Salades	Courgette	
Serre 2 Planche 7	Blettes	Blettes	Blettes	Blettes	Blettes	Bâche	
Serre 3 Planche 1	Betteraves	Betteraves	Betteraves	Betteraves	Betteraves	Betteraves	
Serre 3 Planche 2	Courgette	Chou RAVE	Courgette	FENOUIL	Courgette	Chou RAVE	
Serre 3 Planche 3	HARICOT	Pak Choi	Oignons Bulbilles	Pak Choi	HARICOT	Oignons Bulbilles	
Serre 3 Planche 4	HARICOT	Tatsai	Oignons Bulbilles	Tatsai	Oignons Bulbilles	HARICOT	Oig
Serre 3 Planche 5	Feve	Feve	Feve	Feve	Feve	Feve	

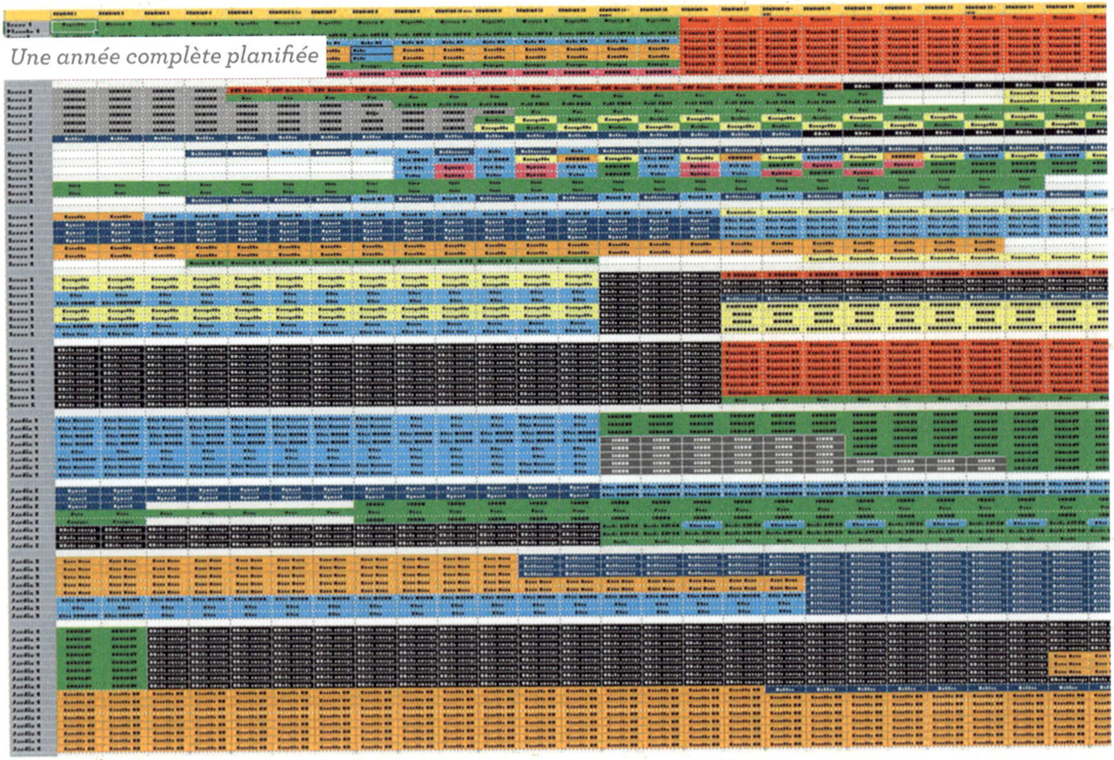

Une année complète planifiée

Faire face aux imprévus

Évidemment, au cours de l'année, tout ne va pas se dérouler comme prévu. Le premier semis de haricots qui gèle, les choux qui ne sont pas prêts à temps et la place qui ne se libère pas suffisamment pour la culture qui devait succéder à cet endroit précis... Pas de panique ! Une fois que tout est finalisé dans le tableau, il est très simple de trouver des solutions alternatives (échanger deux emplacements, décaler une culture...) et de les mettre en place en seulement quelques clics !

Quand planifier ?

La meilleure période pour remplir les tableaux est la fin de l'année. Idéalement, c'est bien de les avoir finalisés avant l'achat des graines puisque ces tableurs peuvent servir à passer commande avec précision. Enfin, ils peuvent (et même, doivent !) s'accompagner d'un document de prises de notes légume par légume. On pourra y noter les jours précis de semis, puis de levées et de récoltes, la densité d'un semis direct, la date de pose d'un filet (avec l'apparition des premiers papillons)... Ces notes vont vous aider à améliorer votre planification chaque année, la rendre davantage efficiente et donc, à terme, rendre votre potager plus productif !

Un haricot récolté, un haricot mangé.
Et on recommence !

Maîtriser son irrigation

Nous aimerions vous dire qu'avec nos pratiques agronomiques, les sols couverts et le non-travail du sol, nous arrivons à nous passer d'irrigation, mais ce n'est pas le cas. Et à la sortie de l'été 2022, nous avions fortement le sentiment qu'il serait difficile de se passer d'eau pour cultiver de manière rentable des légumes. Heureusement, les techniques que nous mettons en place nous permettent d'en économiser des quantités importantes.

Tenir compte de son type de sol

Vos sols, les nôtres, sont tous différents et ne réagissent pas de la même façon à tel ou tel amendement. Une sorte de légumes va davantage se plaire chez vous que chez votre voisin. Pour l'eau, c'est pareil. Si votre sol est plutôt argileux, il va bien retenir l'eau et rester frais sous le paillage. S'il est composé de sable, l'eau va vite y pénétrer et rapidement être inaccessible aux racines de légumes. Dans ce cas, il peut être intéressant d'augmenter la densité de vos paillages, mais aussi de privilégier les arrosages courts et fréquents. À l'inverse, dans les sols qui retiennent bien l'eau, un seul arrosage sera nécessaire pour délivrer la même quantité.

Récupérer l'eau de pluie

La récupération d'eau va être un enjeu important dans les années à venir. À la ferme, nous récupérons l'eau des pentes et l'eau de la toiture de la maison dans deux grandes mares. En été, un forage prend le relai et nous permet de remplir ces bassins lorsqu'il ne pleut pas sur une grande période. À l'échelle de votre jardin, vous pouvez récupérer l'eau de vos toitures dans de grands récipients d'un mètre cube prévus pour cela. Attention, en hiver, il n'y a pas beaucoup à arroser et les récupérateurs vont déborder, il faut donc penser à une solution pour le trop plein. Et en été, avec la chaleur, il faut bien prendre en compte le phénomène d'évaporation qui va siphonner une partie de vos réserves.

Sous serre

Dans les tunnels, nous sommes obligés d'arroser. Ce sont les seuls jardins munis de goutte-à-goutte qui permettent d'arroser en été les légumes sensibles à trop d'humidité : tomates, concombres, courgettes… Sur nos planches de 75 cm de large, nous passons deux tuyaux de goutte-à-goutte de manière à avoir un arrosage uniforme de la planche. L'hiver, nous arrosons dans nos serres avec les asperseurs pour bien remettre le sol en eau et en vie.

Notre stratégie globale est de préférer deux arrosages par semaine, mais conséquents (3-4 h d'arrosage), plutôt que d'arroser un peu tous les jours. Cela permet d'avoir des racines qui vont chercher en profondeur et des légumes plus résistants. Une année normale, nous arrêtons d'arroser nos tomates au mois d'août. Elles ont donc des racines suffisamment profondes pour trouver l'humidité, et le fumier pailleux contribue à garder l'eau dans le sol.

En plein champ

Dehors, nous n'utilisons que des asperseurs. Nos lignes d'asperseurs nous permettent d'arroser 8 planches, soit un jardin entier à la fois. Hors canicule, nous arrosons surtout lors de la plantation d'une culture et s'il ne pleut pas assez. Et nous devons veiller à arroser les semis directs réalisés dans du broyat de déchets verts, car ce dernier a tendance à sécher facilement. Il faut donc veiller à ce qu'il reste bien humide pendant la période de germination.

Nos techniques de maraîchage sur sol vivant nous permettent tout de même de moins arroser qu'un maraîcher classique dont le sol est à nu. Une fois que nos plants ont bien repris et que notre semis a bien levé, nous arrosons peu, car le paillage par fumier pailleux, paille ou broyat de déchets verts permet de garder l'humidité du sol.

Arrosage du jardin de haricots verts

Un asperseur en action

Accepter d'avoir des légumes plus petits

Quand on dispose d'une réserve d'eau limitée, il faut apprendre à faire des choix. D'abord accepter d'avoir des légumes d'un calibre plus petit. Ils n'en seront que meilleurs, car les minéraux et nutriments seront plus concentrés. Pas la peine de jouer à celui qui a le plus gros chou-fleur, en pleine canicule, avec vos voisins. Peut-être que le manque d'eau doit vous faire revoir votre stratégie en cours d'année. Abandonner certains semis directs et les remplacer par des légumes que vous allez planter sur un paillis très épais par exemple ?

Le printemps

C'est là que tout recommence. Mais c'est aussi à cette période qu'il ne faut pas manquer de patience ! Mars et avril sont des mois compliqués où l'on ne gagne pas toujours à essayer de prendre de l'avance sur la saison. Les gelées, le sol encore froid et les jours courts doivent vous pousser à la méfiance. Votre planification est prête, vos graines sont commandées, le plus difficile va maintenant être de respecter votre plan de bataille et de ne pas vous emballer à la première journée de soleil.

En mai, le départ est réellement donné et les semaines qui arrivent vont être déterminantes dans la réussite de vos cultures, parfois même pour les légumes qui se conserveront jusqu'à l'année d'après, comme les courges ou les betteraves. C'est la période la plus chargée en travail pour le maraîcher. Attention à bien suivre toutes les cultures que vous allez mettre en place. On veut souvent faire beaucoup en peu de temps à cette saison, parfois au détriment du suivi des cultures : arrosage, maladies, protection, taux de germination… Enfin, veiller à prendre le temps de noter ce que vous faites et ce que vous observez. Ces notes vous seront très utiles pour progresser.

Betterave

Beta vulgaris

Chénopodiacées

Version primeur

Nos variétés

Nous cultivons la variété 'Alvro-mono', la plus précoce. Pour le deuxième semis de printemps, nous aimons cultiver ces trois variétés : la 'Noire Plat d'Égypte', la 'Chioggia' avec sa chair rose et blanche, et la 'Golden Burpees' (variété jaune) pour se régaler de jolis carpaccios de betteraves.

Le rendement

5 kg par m² pour les betteraves primeur. Mais plutôt 7 à 8 kg par m² pour les betteraves de conservation. Il nous arrive même de récolter des betteraves de 2 kg !

Le semis

Nous vous conseillons de semer fin janvier, début février pour les betteraves cultivées sous serre, et fin mars, pour les betteraves semées en plein champ. Réalisez un semis sur broyat de déchets verts, sur 4 rangs. Il est difficile de trouver des variétés aux graines calibrées. Nous faisons donc des sillons à l'aide du semoir utilisé à vide et nous semons à la main, une graine tous les 5 cm.

Version conservation

Nos variétés

Nous cultivons la betterave 'Robuschka' et la 'Cylindra' pour leurs qualités de conservation.

Le semis

Effectuez un semis direct mi-mai, sur 4 rangs, avec une graine tous les 5 cm.

La récolte et la conservation

Avant les premières gelées, récoltez toutes vos betteraves. Retirez les fanes, mais ne les lavez pas et mettez-les dans des sacs de compost fermés pour les garder en cave. Les betteraves semées en janvier peuvent facilement être conservées ainsi jusqu'en mai.

Coup de pouce technique

À La ferme des Gobettes, nous semons toujours quelques plaques de betteraves sous abri deux semaines après le semis réalisé en plein champ. Cela nous permet de « boucher les trous » s'il le faut.

Début avril, les betteraves 'Alvro-mono' sont prêtes à être récoltées.

Mélange de variétés dans nos bottes de carottes.

Carotte

Daucus carota

Appiacées

Version primeur

Nos variétés

À la ferme, nous cultivons la carotte 'Amiva' que nous trouvons chez le semencier Sativa. C'est la seule variété non-hybride qui résiste à la montée à graines pour les semis d'automne.

Le rendement

8 bottes par m²

Le semis

Nous effectuons un semis direct sous serre mi-octobre et un autre fin janvier, sur broyat de déchets verts.

Coup de pouce technique

Pensez à bien arroser régulièrement vos semis directs réalisés en été jusqu'à la germination. Trois semaines après la germination, un désherbage rapide peut être nécessaire pour s'éviter un plus gros travail en fin de culture.

Version conservation

Nos variétés

Nous cultivons plusieurs variétés, la 'Rothild', la 'Yellowstone', la 'Jaune du Doubs', la 'Rouge Sang' et la 'Lila Lu'.

Le rendement

8 à 10 kg par m²

Le semis

Semez mi-juin, pas plus tard pour avoir de beaux calibres. Effectuez un semis direct sur broyat de déchets verts, en 6 rangs de carottes.

Les ravageurs

Pour éviter que la mouche de la carotte ne détruise votre récolte, installez des filets anti-insectes deux semaines après la germination. Attention aussi aux limaces qui sont friandes des jeunes plantules. Nous mettons les vieilles feuilles de choux pointus dans les allées pour les attirer loin des carottes.

La récolte et la conservation

Nous gardons les carottes au champ tout l'hiver, protégées par un filet ou un voile de forçage. Mais en cas d'hiver trop froid, il faudra les récolter et les stocker non lavées en cave, fraîche et aérée.

Et ensuite ?

Un petit désherbage, un passage de broyeur et c'est reparti pour une nouvelle culture !

Céleri-rave

Apium graveolens

Apiacées

Germination, repiquage, boulaison, le céleri-rave est un légume exigeant qui demande beaucoup d'attention aux maraîchers. Mais réussi, il vous permet de belles récoltes et vous régalera cru ou cuit, râpé ou en purée. C'est un légume sous-estimé de nos cuisines.

Nos variétés

Nous utilisons le 'Monarch', variété ancienne disponible en graines prégermées. Ce type de graines améliorent grandement le taux de germination.

Le rendement

Les céleris pèsent en général entre 800 g et 1,3 kg pièce.

Le semis

Début mars, nous semons en terrine (bac plastique de 50 x 30 cm), mais vous pouvez aussi utiliser des boîtes en polystyrène récupérées chez le poissonnier. On étale une couche de terreau bien humide de 5-6 cm, puis on sème les graines à la volée. Il faut que le semis soit bien homogène. Nous comptons 250 graines par terrine. Ensuite, nous recouvrons d'une très fine pellicule de terreau qui sert à empêcher que les graines se dispersent au premier arrosage. Les graines de céleri germent à la lumière.

Le repiquage

Le repiquage des céleris-raves est une étape indispensable pour avoir de belles boules de céleri à l'automne. Il s'effectue au mois de mai quand les plants ont atteint un belle taille. On retire avec délicatesse les petits plants de la terrine à l'aide d'une fourchette et on les repique dans des godets de 3-4 cm de large remplis de terreau bien humide. Si les petits plants ont beaucoup de racines, vous pouvez retirer un peu de longueur en tirant délicatement avec les doigts. On les enterre jusqu'au collet, et pas plus haut pour ne pas perturber la formation de la boule.

Plant de céleri-rave au moment du repiquage

La plantation

La plantation du céleri-rave se fait en juin. L'idéal est de le planter dans une bonne couche de fumier pailleux d'environ 30 cm d'épaisseur, sur trois rangs, avec 60 cm de distance sur le rang. Faites un trou dans la paille d'environ 10 cm de diamètre et plantez le céleri dans la terre en tassant bien autour de la motte.

Les plants sont prêts à être plantés !

Le moment-clé

Le double repiquage et l'arrosage régulier sont les clés d'une bonne boulaison (renflement de la racine). Le fumier permet de bien garder l'humidité dans le sol mais, en cas de temps très sec, nous vous recommandons d'arroser abondamment au moment de la plantation et de maintenir le sol toujours bien humide.

Les maladies et les ravageurs

Nous perdons chaque année quelques céleris au profit des mulots gourmands. Également sensibles à la mouche de la carotte, il faut bien penser à protéger les légumes avec un filet anti-insectes.

La récolte et la conservation

Nous récoltons les céleris avant les grosses gelées d'hiver. Il faut tirer légèrement sur le feuillage pour faire bouger la boule, puis y glisser un couteau pour couper les racines. Celles-ci sont laissées dans le sol pour nourrir ses habitants. En début de récolte, lorsque les fanes sont encore belles, vous pouvez les utiliser pour parfumer vos soupes ou pour cuisiner des moules ! Pour les stocker pour l'hiver, il faut les laisser sécher quelques jours dans une pièce fraîche et aérée avant de les mettre en cave.

BON À SAVOIR

Après la récolte, broyez le fumier et bâchez en attendant la prochaine culture pour éviter que la parcelle ne s'enherbe !

Concombre

Cucumis sativus

Cucurbitacées

Nos variétés

Nous cultivons un concombre lisse, le 'Rollinson's telegraph' et un concombre épineux, le 'Marketmore'. Pour le fun, nous vous conseillons le concombre arménien ; il produit d'immenses concombres poilus. Idéal pour les soupes froides d'été.

Le rendement

Une vingtaine de fruits par pied

Le semis

Nous semons fin février dans des mottes de 6 x 6 cm. Plantez les graines pointes vers le bas, et laissez-les dépasser du terreau de 2-3 mm.

La plantation

Effectuez la plantation sur une toile tissée, sur 1 rang et avec un écartement de 40 cm entre chaque plant. Les concombres peuvent être conduits en hauteur sur un filet, mais vous pouvez aussi les laisser courir sur le sol. Nous ne taillons pas les gourmands de nos concombres (les ramifications entre chaque feuille), ce qui complique un peu la récolte (effet jungle assuré !), mais cela garantit des récoltes miraculeuses.

Les maladies et les ravageurs

Au printemps, les concombres peuvent être la cible des pucerons. Les coccinelles arrivent normalement à temps pour réguler le problème, mais si votre culture semble mise en péril, pulvérisez du savon noir (voir « Lutter contre les maladies et les ravageurs », p.138 à 141).

La récolte et la conservation

Récoltez vos concombres 3 à 4 mois après le semis, de mai à octobre.

Coup de pouce technique

Pour éviter d'avoir des concombres amers, nous vous recommandons un arrosage régulier, car les racines de ce légume restent plutôt en surface et ne vont pas chercher l'eau disponible en profondeur.

Courgette

Cucurbita pepo

Cucurbitacées

Nos variétés

Nous cultivons la 'Ortolana Di Faenza', variété très précoce pour le début de saison, la 'Black Beauty', la 'Gold Rush' (jaune) et la 'Cocozelle Von Tripoli' (verte zébrée).

Le rendement

Plusieurs dizaines de fruits par pied

Le semis

Nous semons mi-février les courgettes primeurs plantées sous serre et début avril les courgettes plantées dehors après les saints de glace. Nous effectuons un dernier semis début juillet pour planter des courgettes sous serre en août et en avoir tard dans l'automne.

La plantation

Nous vous conseillons de planter les courgettes sur bâche, tous les 70 cm et sur un seul rang. La courgette est très sensible au gel. Dès que la température passe en dessous de 0 °C, cela peut être catastrophique. Protégez bien les plantations précoces avec des voiles d'hivernage « type P30 », même sous serre.

Fleur de la courgette 'Gold Rush'.

La récolte et la conservation

Si vous n'êtes pas friand de courgettes géantes, récoltez vos légumes tous les jours. Cela permettra également de stimuler la production de fruits.

Coup de pouce technique

Nous avons souvent recours à la pollinisation « manuelle » en début de saison, le temps que les pollinisateurs réinvestissent le jardin. Prenez du pollen sur vos doigts dans les fleurs mâles (fleurs avec une tige) et déposez-le dans les fleurs femelles (fleurs au bout d'une petite courgette).

BON À SAVOIR

La culture est idéale après une culture sur paille ou fumier pailleux.

Courges

Cucurbitacées

La courge est un légume très intéressant lorsqu'on veut commencer un potager sur sol vivant ; il peut être cultivé pendant le premier bâchage et la destruction de la prairie. Pour bien commencer, il est essentiel de ne pas réduire le temps de bâchage par impatience. Mais on vous l'accorde, cela est frustrant de devoir attendre de longs mois avant de commencer à investir votre potager ! La grande diversité des courges va vous permettre de mettre à profit ce temps d'attente indispensable.

Nos variétés

En tant que maraîchers professionnels, nous avons rapidement calmé nos ardeurs concernant les variétés de courges. Le choix est immense, avec des légumes de toutes tailles, formes, couleurs et goûts. Néanmoins, la clientèle reste majoritairement friande des classiques 'Butternut' et 'Potimarron Red Kuri', deux courges gustativement très intéressantes, avec lesquelles on peut cuisiner toutes sortes de recettes : soupes, purées, légumes rôtis… Et bonus, pas besoin de les éplucher ; ce sont deux variétés dont la peau est totalement comestible ! Nous vous encourageons à tester plusieurs espèces différentes. Par leur diversité, elles vont contribuer à embellir votre potager et votre cuisine d'hiver.

À la ferme, nous aimons particulièrement un panel de variétés que nous avons choisi pour leur goût et leur bonne conservation : la 'Buttercup' et sa chair crémeuse et sucrée, la 'Blue Ballet' et son bon goût de noisette, la courge olive pour sa conservation, la 'Patidou', idéale pour les petits farcis, la 'Carat' et sa chair orangée rappelant légèrement celle des carottes, et l'étonnante courge 'Spaghetti', dont la chair prend à la cuisson la texture de pâtes et qui fera de délicieux gratins pour l'hiver.

Quand et comment semer ?

Les courges (comme leurs cousines les courgettes, voir p.63) sont très sensibles au gel. Évitez donc de les semer trop tôt ! Nous vous conseillons de prévoir une plantation après les saints de glace pour empêcher toute mauvaise surprise. Sachez que du semis à l'obtention du plant, il faut compter 3 à 4 semaines. Avec une plantation mi-mai, vous êtes sûrs d'obtenir une belle récolte avant la fin de l'été.

Nos 1 800 plants de courges.

La pluie arrive à la fin de la plantation. Bon timing !

Pour avoir de beaux plants de courges, nous utilisons des mottes ou des godets de 6 x 6 cm. Cette taille permet d'obtenir des plants qui seront déjà bien développés et résistants au moment de la plantation. Placer la graine de courge pointe vers le bas en prenant soin de la laisser dépasser de quelques millimètres. Si après quelques jours, vous avez l'impression qu'il ne se passe rien, attendez encore un peu. Dans la terre, la graine s'est ouverte et a commencé à faire pousser une racine. Si vous tirez sur la graine pour vérifier, vous allez casser cette jeune pousse qui ne repartira pas.

La plantation

Nous attendons que nos plants aient 2-3 vraies feuilles avant la plantation. Ils sont ainsi plus costauds, moins sensibles aux attaques de limaces et autres gastéropodes. Dans votre bâche d'ensilage destinée à détruire la prairie, faites au cutter des trous en forme de croix d'environ 10 x 10 cm. Les courges sont plantées en quinconce (tous les 90 cm sur le rang et entre les rangs).

À la plantation, nous faisons un petit nid de paille autour du plant pour éviter que les feuilles ne touchent la bâche noire (montant vite en température au soleil). Puis, nous effectuons un copieux arrosage au tuyau le jour même, à chaque pied de courges. Nous pouvons en faire un deuxième deux jours après la plantation. Dans notre climat normand, ces deux arrosages au moment de la plantation suffisent et nous n'avons ensuite plus besoin d'arroser jusqu'à la récolte, mais si vous vous trouvez plus au Sud, il faudra régulièrement vérifier que vos plants ne manquent pas d'eau voire troquer la bâche d'ensilage pour une toile tissée qui générera moins de chaleur et laissera passer l'eau.

La récolte et la conservation

La récolte des courges se fait en septembre. Vous pouvez l'étaler, mais attention aux rongeurs qui peuvent faire des dégâts en fin de culture et aux premiers gels. À l'aide d'un sécateur, coupez avec précaution le pédoncule 4 cm au-dessus de la courge. Enfin, posez-les délicatement dans des caisses.

Toutes les courges se conservent de la même manière, mais attention, elles n'ont pas toutes la même « date limite de conservation » : certaines vont tenir quelques semaines tandis que d'autres peuvent être consommées un an après la récolte !

Pour avoir une bonne tenue des courges, il y a deux règles essentielles :

1. Bien les faire sécher après la récolte, dans une serre ou sous un appentis bien ventilé. Le pédoncule des courges doit avoir fini de sécher avant le stockage ;
2. Préparer un lieu de stockage optimal avec une température stable autour de 15 °C et sans humidité ambiante.

On fait quoi après ?

Lorsque les courges sont récoltées, laissez la bâche sur place pour que le travail de destruction de la prairie se poursuive. Vous pourrez l'enlever au printemps suivant pour commencer à investir votre potager.

LA RECETTE DES GOBETTES

Risotto à la courge butternut

Ingrédients pour 4 personnes

1 butternut
300 g de riz rond
80 g de parmesan râpé
2 gousses d'ail
1,5 l de bouillon
De l'huile d'olive
Du sel et du poivre
Un peu de persil

1. Préparez le bouillon. Versez 1,5 l d'eau bouillante sur 2 cubes de bouillon de légumes (bio). Mélangez et mettez de côté.
2. Versez 3 cuillères à soupe d'huile d'olive dans une grande casserole. Émincez l'ail et ajoutez-le à la casserole. Faites revenir 5 min.
3. Ajoutez le riz cru. Mélangez bien pour imprégner les grains d'huile d'olive. Laissez sur un feu moyen pendant 5 min.
4. Ajoutez la courge, épluchée et coupée en cubes. Salez, poivrez et mélangez de nouveau.
5. Ajoutez la moitié du bouillon. Mélangez en laissant le riz absorber le liquide. Quand le bouillon a été absorbé, ajoutez l'autre moitié.
6. Couvrez la casserole et mélangez de temps en temps.
7. Une fois l'intégralité du bouillon absorbé, ajoutez le parmesan. Mélangez bien, ajoutez un peu de persil frais dans l'assiette et c'est prêt !

Melon et pastèque

Cucumis melo

Cucurbitacées

Nos variétés

En Normandie, nous avons deux variétés favorites qui fonctionnent bien sous notre climat : le 'Petit Gris De Rennes' pour le melon et la pastèque 'Sugar Baby'.

Le rendement

4 à 5 kg par pied

Le semis

Semez mi-mars en mottes de 6 x 6 cm en mettant la graine pointe vers le bas et en laissant dépasser légèrement de la surface de la motte. Comptez environ un mois et demi avant l'obtention du plant.

La plantation

Comme tous les légumes nécessitant de la chaleur, les melons et pastèques sont plantés sur toile tissée, sur 1 rang et avec un espacement de 45 cm entre les plants.

Les ravageurs

Les campagnols ont le flair pour repérer les melons juste à point. Ils creusent dans les fruits pour manger les graines dès qu'ils sont mûrs. Les conduire sur un filet en hauteur limite les attaques. Les pastèques ne subissent pas les attaques des rongeurs et peuvent être conduites au sol, de préférence sur un bord de serre, car elles ont tendance à s'étaler.

La récolte et la conservation

Les melons récoltés mûrs doivent être consommés immédiatement. Si vous souhaitez les conserver quelques jours, mieux vaut les récolter un peu juste, ainsi, ils continueront de mûrir les jours qui suivent. Les pastèques mûres peuvent être récoltées et stockées plusieurs jours facilement ou laissées sur le pied et récoltées quand vous voulez les manger !

Coup de pouce technique

Contrairement au melon, vous ne pourrez pas vous fier au parfum pour savoir si une pastèque est bien mûre. Mais voici une technique infaillible : à l'endroit où le pédoncule de la pastèque rejoint la tige de la plante, vous verrez une petite feuille et une petite tige en tire-bouchon. Lorsque les deux sont fanés, la pastèque est prête à être dégustée.

Melon 'Petit Gris De Rennes', adapté au climat normand.

La panais 'Turga', une valeur sûre !

Panais

Pastinaca sativa

Apiacées

Nos variétés

Nous ne produisons qu'une seule variété de panais, la 'Turga', simplement parce qu'elle est la seule « variété population » que nous trouvons sous la forme prégermée. Le panais a une germination lente et compliquée et ces graines nous ont changé la vie !

Le rendement

8-10 kg par m²

Le semis et la plantation

Nous semons début avril, pas plus tard car le panais a besoin d'un sol frais pour germer. Nous réalisons un semis direct sur broyat de déchets verts, en 4 rangs. Nous traçons des sillons au semoir à vide et nous semons les graines à la main, une tous les 5 cm.

Coup de pouce technique

De l'eau, de l'eau et encore de l'eau !
Il faut s'assurer de maintenir un arrosage régulier pendant au moins deux mois, le temps que toutes les graines aient germé (oui, on vous l'accorde, c'est long !) et arroser normalement ensuite.

La récolte et la conservation

Idéalement, il faudrait récolter les panais en novembre et les stocker en cave. Mais ils peuvent être laissés sur place et récoltés au fil des besoins. Cette solution fonctionne si vous n'êtes pas soumis à de trop fortes gelées dans votre région.

Patate douce

Ipomoea batatas

Convolvulacées

Un légume très chouette pour égayer les assiettes en hiver. Nous arrivons à en produire sous serre, mais également à l'extérieur et oui, même en Normandie !

Nos variétés

Il existe plusieurs variétés de patates douces, mais la plus commune est celle que nous produisons à la ferme, la 'Beauregard', avec sa chair orange et sucrée.

Le rendement

2 kg par pied dehors et autour de 4 kg par pied sous serre

Le semis

La patate douce ne se sème pas, elle se bouture. Jusqu'en 2020, nous avions toujours acheté nos plants de patates douces. Mais il est tout à fait possible de les bouturer soi-même, ce que nous avons commencé à faire en 2023 !

Faire ses plants de patates douces

La patate douce se bouture en février-mars pour avoir des plants prêts à planter en mai-juin. Coupez-la en rondelles de 3-4 cm d'épaisseur et placez ces rondelles à moitié enterrées dans une terrine de terreau. Gardez les terrines au chaud et arrosez régulièrement. Attendez. Au bout de quelques semaines, des rameaux vont pousser. Quand ils mesurent 10 cm, coupez-les à l'aide d'un ciseau. Gardez « deux yeux » sur le rameau (« un œil » correspond à l'aisselle d'une feuille d'où repart une nouvelle tige). Coupez les feuilles pour n'en garder qu'une au-dessus du second œil et enterrer le premier dans un godet de 3 x 3 cm. Gardez le plant bien au chaud et arrosez généreusement pendant deux mois. Il sera prêt à être planté lorsque son système racinaire sera bien développé dans la motte.

La patate douce est une plante rampante.

La plantation

Sous serre, nous plantons la patate douce sous toile tissée, sur 3 rangs tous les 50 cm. Dehors, les plants sont repiqués sur une bâche noire d'ensilage qui va permettre un meilleur réchauffement du sol pour ce légume qui aime la chaleur. Nous les installons sur deux rangs tous les 50 cm.

Les patates douces
se récoltent en novembre.

Les ravageurs

Les campagnols sont friands de ces tubercules sucrés. Nous vous conseillons de passer la grelinette avant la plantation pour casser les galeries de rongeurs existantes.

La récolte et la conservation

La récolte des patates douces, c'est un sacré chantier. Les racines s'enfoncent très profondément et sont cassantes. Il faut bêcher avec la fourche-bêche assez loin du plant au départ pour ne pas abîmer les tubercules, et aller creuser à la main une fois la terre ameublie. Les racines se conservent plusieurs semaines dans un endroit frais, sec et sombre.

Coup de pouce technique

On récolte les racines à partir du mois de novembre. C'est pendant le mois précédent la récolte que les patates ont besoin de beaucoup d'eau pour prendre du calibre. Cette étape est fondamentale et peut faire varier les quantités récoltées du simple au triple. Nous arrosons donc tous les jours les patates douces pendant ce mois d'octobre.

Et ensuite ?

À la ferme, nous profitons de la terre ameublie par la récolte des patates douces, pour installer les racines d'endives.

Tomate

Lycopersicon esculentum

Solanacées

La tomate… Le Graal du maraîcher, le légume que tous nos clients attendent avec impatience, celui que nous ne pouvons pas nous permettre de rater sous peine de sérieusement égratigner notre saison ! Il y autant de façons de cultiver, tailler, semer, aimer les tomates que de jardiniers. Alors, nous allons (avec beaucoup de modestie !), vous partager notre façon de produire de bonnes tomates en Normandie.

Nos variétés

À la ferme, nous cultivons la tomate 'Cœur De Bœuf' rose et rouge, la 'Hawaïenne', l''Osu Blue', la 'Noire De Crimée', la 'Black Cherry', la 'Rose De Berne', la 'Napoli Ischia' et la 'Albenga Liguria'.

Le rendement

Entre 10 et 15 kg par pied.

Quand semer ?

Chaque année, nous voyons des jardiniers voisins se féliciter d'avoir de beaux plants de tomates au mois de mars. Tomates semées en janvier, gardées au chaud de longs mois dans les jardins d'hiver, de beaux plants au mois de mars, mais qui vont stagner dans leurs godets en attendant d'être mis en pleine terre. Et stagner, les tomates, elles n'aiment pas ça ! Alors, soyez patients. Rien ne sert de semer vos graines trop tôt. Comme pour tout autre légume, pensez d'abord à la période à laquelle vous allez planter vos tomates (au champ ou sous serre) et calculez ensuite une date de semis en fonction de cela.

La première série de tomates est prête à être plantée.

Le semis

Nous faisons deux semis pour les tomates, pas tellement pour étaler les récoltes, mais plutôt pour étaler le travail qu'elles vont nous demander : d'une part au repiquage et d'autre part à la plantation. Entre le semis et le premier repiquage, nous comptons 4 semaines, puis encore 4 semaines entre le premier repiquage et la plantation sous serre. Notre première série est semée en semaine 8 et mise en place en semaine 16. Dans ces délais, nos plants sont magnifiques et prêts à être plantés !

Pour l'aspect technique, un peu de terreau bien humide, des petites mottes, une terrine, une plaque alvéolée, des boîtes d'œufs (selon ce que vous avez sous la main), une graine par motte (car la tomate a souvent un bon taux de germination) et c'est tout ! Lorsque nous n'avions pas de table chauffante, nous gardions les plaques de tomates à la maison jusqu'à leur levée. Mais attention, dès qu'une petite pousse pointe le bout de son nez, il faut placer les semis dans une serre, car s'ils manquent de lumière, ils risquent de filer, c'est-à-dire de faire une très longue tige pour chercher la lumière. Et là, c'est foutu…

Le repiquage

4 semaines après le semis, vos petits plants de tomates ont leurs premières vraies feuilles, il est alors temps de les repiquer. À quoi ça sert ? La tomate aime le repiquage, car sa tige est apte à former de nouvelles racines, donc à chaque repiquage, l'idée est d'enterrer le plant au plus près des premières feuilles pour qu'ainsi, il se renforce en développant son système racinaire.

Pour le premier repiquage, nous prenons donc nos petits plants de tomates, pour les mettre dans des godets plus grands (6 x 6 cm environ).

La plantation

Voilà 8 semaines déjà que vous avez semé vos graines de tomates et si tout va bien, vous devriez obtenir maintenant de beaux plants : une tige épaisse, un feuillage bien vert et peut-être même les premières fleurs. Il est temps de mettre en place ces beaux bébés et de les planter !

Pour favoriser la reprise, nous bassinons les pieds de tomates avant plantation.

La taille

Il y a toujours ce débat qui fait rage entre les jardiniers : « Tailler ou pas ses tomates ». La question est un peu ridicule à notre sens. Ce qu'il faut se demander, c'est pourquoi tailler et dans quelle situation.

Pour nous, l'idée est surtout de ne pas se retrouver avec une serre totalement jungle où il serait compliqué de travailler. Donc nous taillons nos plants à partir du mois de juin. On « égourmande », c'est-à-dire que nous supprimons les gourmands et on taille très peu de feuilles.

Seulement si le temps est humide et frais en juin, nous coupons quelques feuilles pour aérer la plante afin d'éviter les maladies. Ça facilite aussi la récolte sur certaines variétés, comme la 'Noire De Crimée', qui ont tendance à faire des buissons bien denses. À partir de mi-juillet, les plants sont bien lancés, ils ont pris de la hauteur, alors, on les laisse se débrouiller ! Généralement, il fait chaud en cette saison et le feuillage va générer une ombre qui va protéger nos fruits contre les brûlures du soleil.

BON À SAVOIR

Lors des tailles du mois de juin, pensez à secouer vos pieds de tomates pour assurer une bonne pollinisation.

La récolte et la conservation

Les tomates sont récoltées tous les deux jours. Si elles ne sont pas abîmées, elles se conversent plusieurs jours à température ambiante, sans aucun problème. L'idéal reste de les consommer au fur et à mesure de la cueillette. Pour les tomates abîmées, direction le congélateur et quand la quantité vous convient, lancez-vous dans la réalisation de sauces pour l'hiver !

Il faut secouer les premières fleurs pour assurer une bonne fructification.

Faire ses graines : la méthode Gobettes

Nous faisons peu de graines en autoproduction. Le travail de semencier est un vrai travail et nous n'avons pas le temps de nous y pencher. Mais la tomate est l'une des exceptions à la règle et nous vous invitons à faire de même ! D'abord, parce que vous allez pouvoir, au fil des années, développer des tomates adaptées à votre climat, votre terre, et surtout parce que c'est super facile ! La tomate est « autogame », c'est-à-dire qu'une même fleur possède les organes mâles et femelles, ce qui limite grandement les croisements avec les voisines.

Pour sélectionner les tomates, plusieurs choses sont à prendre en compte : choisissez les plus belles bien sûr, les plus précoces aussi, les meilleures selon votre goût. Pour avoir une semence variée, il faut prendre plusieurs tomates d'une même variété sur différents plants. Le choix des plants n'est pas à négliger, croisez les plus vigoureux, les plus productifs.

Une fois que vous avez choisi vos « bonnes » tomates, c'est parti pour la popote ! Coupez les tomates en quatre. Dans un pot de confiture, pressez-les à la main pour écouler la pulpe qu'elles contiennent. Une fois que vous avez pressé toutes vos tomates d'une même variété, fermez le pot et laissez-le au bord de votre évier de cuisine (afin de ne pas l'oublier).
Au bout de quelques jours, une petite peau blanche se forme sur le dessus de votre mixture, c'est le moment du grand nettoyage ! Ouvrez votre pot de confiture, versez de l'eau jusqu'à la moitié du bocal, fermez bien le couvercle et secouez très fort ! Placez le pot à plat quelques minutes pour laisser descendre les graines. Celles qui flottent ne sont pas bonnes. Quand les graines sont bien descendues au fond du bocal, versez doucement le haut du mélange et étalez les graines restées au fond sur du papier absorbant pour les faire sécher.

Attention : n'attendez pas trop longtemps avant de nettoyer vos graines sous peine de lancer le processus de germination et d'altérer la qualité de vos semences. Pas plus d'une semaine donc !

Lutter contre le mildiou

Quand on produit des tomates en Normandie, difficile de se passer d'une serre. Et parfois même à l'abri, on peut avoir de mauvaises surprises ! L'été 2021 a été particulièrement humide et froid. Les conditions idéales pour le développement du mildiou. D'habitude, dans nos serres, le mildiou fait son apparition en fin de saison de la tomate, autour de la mi-septembre et son développement ne nuit pas à la fin de la production. Mais en 2021, les premiers pieds de tomates ont été atteints dès la mi-juillet. Nous avons cru que c'était la fin de nos tomates. L'angoisse !

Nous avons mis en place un plan de bataille méthodique pour limiter l'avancée de la maladie :

- Nous avons taillé les parties atteintes (et seulement les parties atteintes !), une feuille, une branche, un fruit pour ne pas totalement « plumer » nos plants ;
- Tous les deux jours, nous faisions le tour des serres. Si un pied était touché sur la tige principale, nous le coupions et le sortions de la serre.

Tout cela en désinfectant bien nos outils de taille au fil du processus. Et finalement, notre production a été très satisfaisante cette année-là.

C'est parti pour la récolte !

Les ravageurs

Généralement, les campagnols nous grignotent les premières tomates, celles tout en bas du pied, juste au niveau de la paille. Enfin, plus que les campagnols, ce sont surtout les enfants qui mangent les premières tomates mûres de la saison.

Cela étant dit, sur nos 5 années de maraîchage, nous n'avons pas eu de problèmes de ravageurs au point d'établir un plan d'attaque pour y remédier. Une fois, un taupin curieux a entrepris de grignoter un plant de tomates par la racine. Nous l'avons retrouvé à 20 cm du sol dans la tige du pied. Bien sûr, nous avons quelques merles qui viennent s'hydrater en piquant les belles tomates rouges au mois d'août. Mais rien qui ne mette gravement en péril la production.

Dès le mois de septembre, les tomates sont régulièrement grignotées, en hauteur cette fois, par un individu très fort en camouflage, car nous avons toujours du mal à le trouver, mais qui laisse toujours des indices derrière lui : des petites crottes caractéristiques de la chenille ! C'est la noctuelle de la tomate. Mais encore une fois, nous estimons que les dégâts causés par ces « ravageurs » sont la juste part de la nature et nous ne faisons rien pour les endiguer.

Tomates cerises 'Zuckertraube', un vrai bonbon.

Réaliser un semis direct

Jeter quelques graines par-dessus son épaule et revenir quelques semaines plus tard pour récolter... C'est la vision parfois véhiculée par la permaculture. Si seulement c'était aussi simple ! Mais rassurez-vous, nous avons des techniques pour vous faciliter le travail.

Pourquoi semer directement en terre ?

Nous utilisons cette technique de culture car certains légumes ne tolèrent tout simplement pas le repiquage. C'est le cas notamment des carottes. À la ferme, nos carottes passent directement du semoir à la terre, tout comme les betteraves, les navets, les radis roses et d'hiver, les mescluns et la roquette.

Semis directs de radis

Comment faire ?

Afin d'éviter les corvées de désherbage, nous nous aidons d'une fine couche de compost composée de déchets verts. La méthode est simple, après une culture sur bâche ou une culture sur paille (mais dont le paillis a été largement digéré par le sol), nous effectuons un rapide désherbage. Une fois la place nette, nous disposons à l'aide de notre remorque (vous pouvez utiliser une brouette), entre 3 et 5 cm de compost de déchets verts.

Il suffit ensuite de venir y déposer vos graines, au semoir ou à la main dans un sillon que vous aurez créé. Si vous voulez vous équiper, vous pouvez trouver des semoirs à 1 rang à tous les prix entre 150 et 500 euros.

Le compost de déchets verts

Le compost que nous récupérons en déchetterie est composé des déchets verts (tontes, feuilles, tailles de haies...) fournis par les habitants de la communauté de communes. De nombreuses déchetteries laissent le compost à disposition des usagers. Si vous voulez réaliser le vôtre, il vous faudra d'importants volumes de déchets verts, mais aussi l'accès à des machines spécifiques pour broyer et retourner le tas de végétaux lors de la phase de compostage. Les solutions : mettre à disposition commune les déchets verts dans un village ou dans un quartier et pour les besoins en matériel agricole, s'aider d'un agriculteur.

Ce substrat est vierge de graines et nous permet de prendre un temps d'avance conséquent face aux adventices qui vont essayer de venir coloniser ce lit douillet. Quand cette technique est bien maîtrisée, le temps de désherbage d'une planche de carottes de 30 mètres peut être réduit jusqu'à 10 minutes pour l'entièreté de la culture.

Trois erreurs à éviter

1. *Semer trop profond*
Attention, lors du semis, il ne faut pas que le fond du sillon laisse apparaître la terre sous la couche de compost. Sinon, les graines qui s'y trouvent germeront et viendront concurrencer ce que vous venez de semer.

2. *Négliger l'arrosage*
Le compost de déchets verts est un substrat de matières sèches. Beaucoup d'eau est donc nécessaire pour y faire germer les graines. En revanche, une fois que celles-ci sont sorties de terre, les nombreux arrosages permettent de garder la terre fraîche et humide sous le substrat. De fait, les cultures réclament par la suite moins d'arrosage qu'habituellement, le compost faisant office de paillis.

3. *Manquer de discipline après la récolte*
Dès que la récolte est faite, le sol va se resaler très rapidement. Il faut donc vite préparer une bâche ou utiliser de la paille pour couvrir les parties récoltées au fur et à mesure. Cette discipline permet d'enchaîner avec une autre culture sans passer par la case « désherbage ».

Semer la veille d'un jour de pluie vous fera économiser un arrosage.

Destruction des couverts

Un « couvert » peut indiquer un résidu de cultures et le paillis sur lequel elle a été implantée (par exemple, des choux sur du fumier ou des blettes sur de la paille), mais également un engrais vert que l'on a semé et que l'on souhaite détruire pour qu'il laisse la place à la culture suivante. La façon dont on détruit les couverts végétaux va déterminer ce que l'on fait ensuite de la parcelle concernée.

La méthode mécanisée

Si vous disposez d'un microtracteur et d'un broyeur, rien de plus simple ! Un passage sur la parcelle concernée et c'est parti pour la culture suivante, sur bâche ou directement dans les résidus de cultures (si ceux-ci sont assez épais pour éviter aux adventices de les traverser). Attention, certaines cultures nécessitent plusieurs passages pour un résultat optimal. C'est le cas des tomates par exemple; le paillis très épais que nous leur fournissons associé à l'importante matière produite par la plante nécessitent deux à trois passages.

Une tondeuse puissante peut également permettre de détruire certaines cultures, à condition d'y aller doucement et de lever les roues avant de l'engin pour éviter que la matière ne s'accumule sous la lame.

La méthode manuelle

Un sécateur ou un coupe-coupe, un peu d'huile de coude et le tour est joué ! Coupez les plantes au collet, juste au-dessus du sol. Ainsi, les racines se dégraderont directement dans le sol et continueront de participer à sa structuration. Pour la partie aérienne de la plante, plusieurs solutions : vous pouvez les laisser sur place et les couvrir quelques semaines avec une bâche d'ensilage pour accélérer la décomposition (voir « Le bâchage des cultures », p.112-113). Cela vous permettra à la place, d'enchaîner rapidement sur une autre culture tout en évitant aux adventices de coloniser l'espace. Ou bien, vous pouvez exporter les résidus de cultures sur votre espace dédié au compostage.

Passage du broyeur sur deux planches de blettes pour laisser la place aux courgettes.

Jardin sous bâche d'ensilage en attente de la prochaine culture.

Ne soyez pas obsédés par les résidus de cultures. Certes, ils nourrissent le sol, mais votre réflexion peut aussi être guidée par le temps dont vous disposez ou le budget que vous réservez au jardin. Dites-vous que si vous intégrez ces restes de plantes au compost, ils retourneront au sol tôt ou tard.

L'avis des Gobettes

Notez bien qu'un paillis « broyé » sera toujours assimilé plus rapidement par le sol qu'un paillis « entier ». Attention cependant aux mauvaises surprises avec les adventices qui pourront plus facilement pousser à travers un couvert qui aura vite disparu.

Que faire ensuite ?

Vous pouvez replanter ou semer directement après. Pas besoin d'accorder un délai de repos au sol. Nos itinéraires de cultures font en sorte de nourrir le sol sans s'occuper des plantes. On considère alors que n'importe quel légume peut être accueilli n'importe quand sur le terrain. Soyez toutefois prudents, certaines céréales, comme le seigle, souvent présent dans la composition des engrais verts, nécessitent quelques semaines sous bâche afin de détruire le système racinaire et contrer l'effet allopathique de ces plantes.

Notre nurserie : la pépinière des Gobettes

Réaliser soi-même ses propres semis, c'est diversifier les tâches du jardinier et c'est un moment très agréable que l'on peut faire à l'abri un jour de pluie, à l'ombre au frais d'un bâtiment lorsque le soleil tape dehors, en écoutant de la musique, un podcast ou juste en laissant aller nos pensées.

Lorsque nous avons créé la ferme, il était impensable pour nous d'acheter nos plants de légumes. Nous voulions tout maîtriser, du semis à la récolte. Tout d'abord pour une question éthique, les plants que l'on achète chez des fournisseurs (même en bio) ont souvent reçu des engrais et poussé dans des serres chauffées. De plus, le choix est limité lorsque l'on veut produire des variétés anciennes ! Enfin, nous ne voulions pas que notre métier se limite à repiquer des plants reçus tout prêts dans un camion parfois réfrigéré. Bref, notre projet ne pouvait pas aboutir sans pépinière.

La structure

Notre pépinière a naturellement trouvé sa place dans le premier tunnel que nous avions installé sur la ferme. Contrairement aux autres, celui-ci mesure 41 m de long, ce qui nous laissait 10 m supplémentaires après les planches de culture pour y faire l'installation. Plus la serre est grande, plus elle gardera longtemps la chaleur. C'est pour cela que nous n'avons pas installé la pépinière dans une petite serre à part. Nous avons entièrement bâché le sol de cette partie avec des chutes de toiles tissées pour ne pas avoir à gérer d'enherbement.

Au bout de 4 ans, nos plants étaient un peu à l'étroit dans ces 80 m² ; nous avons donc aménagé une deuxième pépinière sous l'une des nouvelles serres que nous avions installées sur le terrain en 2022. Ces nouveaux 80 m² nous servent surtout pour la période chargée du mois de mai, où les 1 000 plants de tomates cohabitent avec les 2 300 pieds de courges et les 700 pieds de concombres, courgettes, melons, pastèques…

L'installation

Suivant notre credo de la récup', Thibault a fabriqué des tables avec de vieilles palettes et des chevrons. Il a prévu un système pour qu'on puisse installer des arceaux sur les tables afin d'y fixer des voiles de forçage, pour protéger les petits plants du froid, et des filets anti-insectes pour empêcher les ravageurs d'y entrer.

Il est très important que les semis soient installés en hauteur pour rester hors de portée des rongeurs, friands des graines de cucurbitacées notamment. Une année, nous avions posé les plaques de concombre fraîchement semées sur des palettes posées au sol par manque de place.

Semis de navets primeurs

Le lendemain, toutes les graines de concombre étaient sorties des mottes et mangées ! Quand on vous dit qu'ils aiment ça !

Pour faire nos semis, nous avons choisi de réaliser une table à la hauteur du coude pour pouvoir semer debout sans nous abîmer le dos. Dans ces espaces de travail, il est important de toujours penser à l'ergonomie.

Le matériel

Pour notre production, nous avons fait le choix d'investir dans une motteuse, une machine transformant le terreau en mottes prêtes à être semées. Mais, pour un potager même conséquent, il existe toute une gamme de plaques alvéolées et de godets, en plastique moulé, de différentes tailles qui vous permettront de réaliser vos semis et vos repiquages facilement. Pour vous donner une idée, nous utilisons principalement 2 tailles de mottes :

- les mottes de 3 x 3 cm idéales pour les choux, sdlades, betteraves, blettes, céleris branche, fenouils, aromates, semis de tomates ;
- les mottes de 6 x 6 cm pour les concombres, courgettes, melons, pastèques, courges, artichauts, rhubarbes…

Comment bien préparer ses mottes ?

Il faut d'abord choisir un terreau spécialement conçu pour les semis et bien le mélanger avec de l'eau pour qu'il ne soit ni trop sec, ni trop mouillé. Quand vous pressez une poignée de terreau mouillé, seules une ou deux petites gouttes doivent couler de votre main.

Ensuite, nous vous conseillons de remplir vos plaques ou vos godets en plusieurs fois, en tassant bien avec vos doigts entre chaque couche de terreau. Semer dans une motte pas suffisamment tassée, c'est risquer d'obtenir un plant dont la motte va s'effriter au moment de la plantation. Tasser est essentiel ! Si vous pensez que vous avez assez tassé, tassez encore !

Chaque graine a cependant ses propres exigences en termes de semis. Suivez nos conseils au fil des pages, grâce à nos fiches plantes.

Les tables chauffantes

Face à la difficulté de créer des plants vigoureux d'aubergines et de poivrons et après quelques mauvaises surprises dues à des gelées tardives, nous avons décidé d'investir dans la réalisation de tables chauffantes. Elles nous permettent d'assurer la croissance de nos plants les plus fragiles de février à mai : courgettes, tomates, aubergines, poivrons, concombres…

Pour en maîtriser la température, nous avons installé un thermostat sur chaque table. Nous maintenons une température autour des 19 °C dans la couche de sable pour que les mottes soient à une température d'environ 18 °C. Quand les journées se réchauffent, en avril-mai, nous éteignons les tables pendant la journée. Nous avons fait quelques expériences avec ce système, nous gagnons parfois une semaine sur la germination et les plants sont beaucoup plus beaux.

La fabrication d'une table chauffante

Ci-dessous, le principe de notre table chauffante.

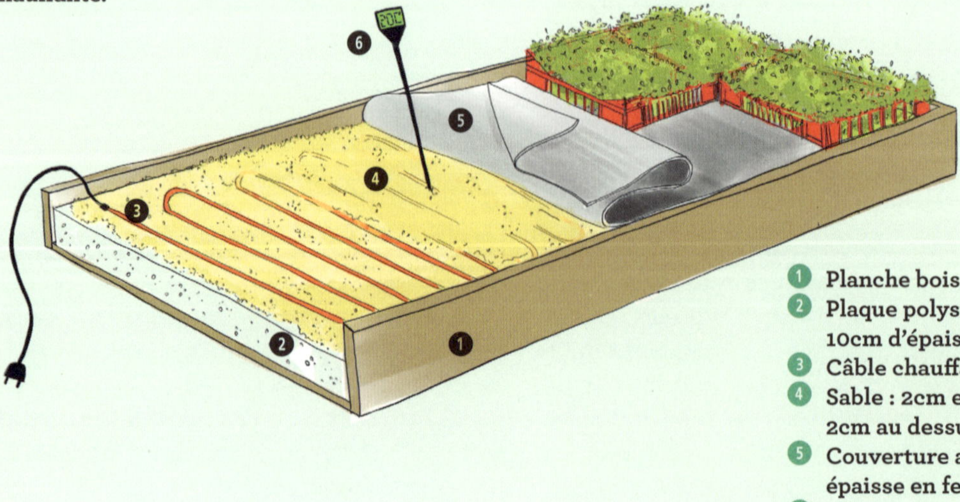

1. Planche bois
2. Plaque polystyrène, 10cm d'épaisseur
3. Câble chauffant
4. Sable : 2cm en dessous, 2cm au dessus
5. Couverture absorbante épaisse en feutre
6. Thermostat

C'est le printemps, ça se bouscule dans la pépinière.

L'arrosage est une clé de la bonne germination des semis.

Alternative à la table chauffante

Lorsque nous n'avions pas de table chauffante, nous gardions les plaques de tomates à la maison jusqu'à leur levée. Mais attention, dès qu'une petite pousse pointe le bout de son nez, il faut mettre les semis dans une serre ; s'ils manquent de lumière, ils risquent de filer.

Arrosage et surveillance

La pépinière est le premier endroit que l'on visite le matin et le dernier où l'on passe à la fin de la journée. C'est ici que tout commence et le moindre manque d'observation peut mettre en péril votre culture. Pour l'arrosage, la facilité serait d'installer un petit programmateur qui automatise l'arrosage des semis.

Nous préférons les arroser à la lance, ce qui nous permet de prêter une attention particulière à notre nurserie : début de fonte des semis, pontes de papillons, attaques de pucerons... Quand les premières chaleurs arrivent, nous pouvons arroser jusqu'à trois fois par jour ! Une activité chronophage, mais qui nous permet de repérer rapidement le moindre problème et d'y remédier efficacement.

Quand il fait très chaud, si vous êtes absent la journée et que les semis ont besoin de plusieurs arrosages, déposez préalablement vos plaques fraîchement arrosées sur l'herbe, à l'ombre d'un arbre et rentrez-les le soir, à votre retour.

Le pouvoir des fleurs

Au jardin, la fleur n'a pas qu'une vertu esthétique, loin de là. Les fleurs sont de véritables plantes compagnes tant pour vos légumes que pour vos arbres fruitiers. Elles attirent les pollinisateurs, servent d'abris aux auxiliaires ; certaines sont comestibles et vont égayer vos assiettes. Vous pourrez également en faire des décoctions ou purins pour renforcer vos plants de légumes ou lutter contre certaines maladies. Bref, semez des fleurs !

Dès les premières années, nous avons eu envie de mettre des fleurs dans nos jardins. Depuis, elles se débrouillent un peu, car nous n'avons pas toujours le temps de nous en occuper. Mais elles colonisent le jardin (sans devenir invasives bien sûr) et lui donnent un charme supplémentaire. Vous pouvez en semer certaines dès le mois de février, elles pourront être installées dans vos serres pour attirer les insectes et s'assurer de la bonne pollinisation de vos premiers légumes de printemps, comme la bourrache ou le souci. Ou certaines, comme la capucine, serviront à protéger vos plants de l'attaque des pucerons. Vous pouvez ensuite semer en mars toutes celles qui seront plantées à l'extérieur à partir du mois de mai, et les installer au pied de vos arbres, sur vos bords de serre et de jardin.

Les annuelles

Bien qu'elles se nomment « annuelles », vous n'aurez, pour la plupart, pas besoin d'en replanter chaque année, car elles se ressèmeront d'elles-mêmes sans problème. C'est le cas de la bourrache, de la mauve, de la capucine et du souci. Attention toutefois, nous avons semé de la mauve chez nous, mais elle peut devenir une plante totalement invasive !

Œillet ou rose d'Inde

Cette fleur est un répulsif naturel contre les pucerons, altises et aleurodes. Ses racines éloignent certaines nématodes, des petits vers qui s'attaquent aux racines de vos arbres.

Fleurs de bourrache, un délice en salade.

La mauve, fleur qui peut rapidement devenir invasive.

Les comestibles : souci, bourrache, bleuet, mauve, cosmos et capucine

En cuisine, vous pouvez les incorporer dans un beurre pour des tartines colorées, les parsemer sur vos salades ou toasts de fromage frais, ou encore faire sécher des fleurs de bourrache ou de bleuet pour sublimer vos infusions. Sachez que la bourrache est riche en Oméga 6 et la capucine, en plus d'attirer les pucerons, est bourrée de vitamine C. Chez nous, ce sont les enfants qui, depuis qu'ils ont identifié les fleurs comestibles, se régalent des fleurs de bourrache, leurs préférées !

Les vivaces

Dans la famille des astéracées, un grand nombre de fleurs ont des qualités remarquables pour le jardin. Coccinelles et chrysopes se régalent des fleurs de marguerite, d'achillée millefeuille et de tanaisie. Les tisanes de fleurs séchées de camomille vous assureront de douces nuits. Enfin, le tournesol sublime votre jardin, attire les pollinisateurs, et vous pourrez nourrir les oiseaux avec ses graines en hiver. On vous conseille le tournesol 'Mammoth' qui peut atteindre 4 m de haut ! De quoi épater vos visiteurs.

L'été

C'est la saison où l'on récolte les fruits de son travail… si tout s'est bien passé ! On y suit les cultures en place : taille, récolte, arrosage, lutte contre les ravageurs et les maladies. De rapides désherbages sont nécessaires pour garder nos zones de cultures en bon état. On y prépare aussi et surtout l'automne et l'hiver. C'est le moment où tout germe, pousse et où les jours sont les plus longs : il faut donc en profiter pour anticiper et offrir les conditions de croissance optimales à nos légumes de conservation.

Selon les places laissées disponibles par les premières récoltes des primeurs, on peut en profiter pour affiner sa planification. Peut-être que des cultures peuvent être ajoutées ou des engrais verts semés. Si un endroit est laissé libre, il faudra penser à le bâcher ou le couvrir de matières pour éviter qu'il soit colonisé par les nombreuses adventices à graines à cette saison. Si vous avez prévu d'agrandir le potager, l'été est la période idéale !

Chou-fleur et brocoli

Brassica oleracea

Brassicacées

Nos variétés

Nous cultivons le chou-fleur 'Whiterock' et le brocoli 'Calinaro'. Il n'y a pas un grand choix de variétés lorsque l'on travaille avec des variétés anciennes, mais ces deux-là donnent de belles pommes et sont très goûteuses.

Le rendement

8 choux par m²

Le semis

Nous effectuons nos semis à deux périodes : janvier-février pour une récolte de printemps et juin-mi-juillet pour une récolte d'automne. Semez une graine par motte de 3 x 3 cm. Du semis à l'obtention du plant, comptez un mois et demi l'hiver, un mois l'été.

La plantation

Nous vous conseillons de planter sur toile tissée au printemps pour favoriser le réchauffement du sol et sur du fumier pailleux l'été pour garder la fraîcheur et l'humidité. 3 rangs avec un espacement de 40 cm sur le rang.

Coup de pouce technique

Lorsque la pomme du chou-fleur est encore toute petite, cassez quelques feuilles et recouvrez-là afin qu'elle reste bien blanche.

Les ravageurs

Comme tous les choux, pensez à protégez vos plants dès la germination sous un filet anti-insectes pour éviter l'attaque des papillons, surtout sur le semis de juin.

La récolte

Pour les brocolis, une fois la pomme principale récoltée, la plante va faire des « rejets », des mini brocolis qui sont délicieux juste poêlés dans un peu d'huile d'olive et d'ail ! Vous pourrez faire ainsi plusieurs récoltes.

Le brocoli 'Calinaro'

Le chou-fleur 'Whiterock'

Chou-rave

Brassicacées

Nos variétés

Nous cultivons le chou 'Enrico' (Sat 21) ou le 'Noriko' pour les blancs et le 'Azur Star' pour les violets.

Le rendement

4 kg par m²

Le semis

Nous effectuons nos semis de février à début avril, puis d'août à septembre. Une graine par motte de 3 x 3 cm. Comptez 6 à 8 semaines pour obtenir les plants en hiver et 4 en été.

La plantation

Plantez vos choux sur 4 rangs, 20 cm sur le rang et sur une toile tissée. Le principal enjeu pour les choux-raves est d'éviter l'attaque des gourmandes chenilles qui peuvent faire de gros dégâts. Nous vous conseillons de protéger vos choux dès le semis d'un filet anti-insectes.

Coup de pouce technique

Attention aussi à la régularité de l'arrosage, car stressés, ces choux ont tendance à éclater et à devenir fibreux..

La récolte et la conservation

La taille d'une grosse pomme et c'est prêt. Vous pouvez cuire le chou, mais cela n'a pas grand intérêt. Cru en revanche, c'est frais et assez fin. Et en tranches avec une bonne huile d'olive, c'est parfait pour l'apéro.

Le chou-rave violet 'Azur Star'

Le chou vert frisé 'Gros Des Vertus'

Choux d'automne et d'hiver

Brassicacées

BON À SAVOIR
Dès les derniers choux récoltés courant avril, broyez la couche de paille. Et c'est reparti pour une nouvelle culture : salades, haricots verts, petits pois...

Nos variétés

Nous appelons « choux d'automne » les choux plantés en été et récoltés avant la fin de l'année. Nous aimons cultiver le chou vert frisé 'Gros Des Vertus' pour faire de délicieux choux farcis, le chou rouge 'Amarant', à déguster cru en salade avec des quartiers d'orange.

À l'inverse, les « choux d'hiver » sont ceux qui ont un cycle très long et résistent au gel, nous permettant d'avoir des récoltes en février-mars. Nous cultivons le 'Brocoli Violet Du Cap', le chou-fleur 'Tardif d'Angers', chou-fleur 'Saint Casimir', le chou 'De Port Neuf' et le chou de Pontoise.

Le rendement

9 choux par m^2

Le semis

Début juin, nous semons une graine par godet de 3 x 3 cm. À cette période, il faut compter 4 semaines entre le semis et la plantation.

La plantation

Nous recommandons de planter les choux dans une bonne couche de paille ou de fumier pailleux, sur 3 rangs, en comptant 50 cm entre chaque plant.

Les maladies et les ravageurs

Le principal enjeu est d'éviter l'attaque des chenilles qui peuvent faire de gros dégâts. Nous vous conseillons de protéger vos choux dès le semis avec un filet anti-insectes.

La récolte et la conservation

Les choux peuvent être laissés au jardin et récoltés au fur et à mesure de vos besoins. Soyez cependant prudents avec le chou-fleur et le brocoli : s'il gèle au moment de la formation des « fleurs », recouvrez-les d'un voile de protection.

Épinard

Spinacia

Chénopodiacées

Nos variétés

Nous aimons cultiver deux variétés, l'épinard 'Matador' et le 'Géant d'Hiver'.

Le rendement

Vous pourrez faire 3, voire 4 coupes par pied.

Le semis

Nous semons en deux temps : en août pour une plantation dehors en septembre, puis en septembre et février pour une plantation sous serre. Nous réalisons des semis en mottes de 3 x 3 cm avec 4 à 5 graines par motte.

L'épinard 'Géant d'Hiver', une variété qui résiste au froid.

La plantation

Les épinards prennent place sur une toile tissée trouée, sur trois rangs en quinconce et tous les 20 cm. Sous serre, cette bâche est posée sur les résidus de tomates et restes de fumier qui ont été broyés fin octobre.

Coup de pouce technique

Attention, l'épinard est particulièrement sensible au manque de nourriture. Les installer après une culture sur fumier pailleux assure qu'il y aura de la nourriture dans le sol pendant la durée de la culture. C'est ce que nous faisons en plantant nos épinards sur les résidus de tomates et le reste du fumier.

Les maladies

L'excès d'humidité facilite le développement du mildiou auquel l'épinard est sensible. Pour autant, nous les arrosons par asperseurs lors de journées bien ensoleillées pour que les plants aient le temps de sécher avant la fraîcheur nocturne.

La récolte

Vous pouvez soit récolter au fur et à mesure les grandes feuilles extérieures, soit couper entièrement les plants d'épinards quelques centimètres au-dessus du collet. Nous récoltons toutes les 3 semaines.

Et ensuite ?

On coupe quand les épinards sont montés à graines, on enlève la bâche et on broie sur place. Après ça, tout est possible : plantation ou semis direct.

Haricot

Phaseolus vulgaris

Fabacées

Nos variétés

Nous cultivons les haricots à rames (grimpants), 'Cobra' et 'Emerite' pour le vert, 'Neckergold' pour le jaune ainsi que les haricots nains, 'Pongo' pour le vert et 'Major' pour le haricot beurre.

Le rendement

4 à 6 kg par m²

Le semis

Nous faisons plusieurs semis directs de haricots tout au long de l'année pour avoir une production constante. Le premier semis, sous serre, début avril, le second, dehors, début mai, puis deux semis espacés de 4 semaines, dehors toujours, et enfin un dernier semis sous serre fin juillet pour étaler la récolte jusqu'à l'automne.

La plantation

Sous serre, les haricots sont semés en direct sur du compost. Cela nous permet, au printemps, après la récolte, quand la place manque dans les serres, de produire d'autres légumes sur la même planche. Les haricots sont plantés sur deux lignes au milieu de la planche. Puis, de chaque côté des lignes de haricots, nous ajoutons une ligne d'oignons nouveaux, puis une ligne de choux asiatiques type 'Pak Choï' ou 'Tatsaï'. En extérieur, les haricots sont semés en poquets de 5-6 graines sur une toile tissée sur 3 rangs avec un écartement de 20 cm sur le rang.

Coup de pouce technique

Les haricots à rames doivent être conduits sur des filets. Nous vous conseillons de les installer dès le semis et de guider régulièrement les haricots sur le filet. Nous avons essayé des filets en coton, car nous n'aimions pas l'idée de devoir jeter nos filets plastiques après seulement une année d'utilisation. Ils sont plus fragiles et nécessitent d'être attachés plus solidement : une ficelle tous les 30 cm pour ne pas casser sous le poids des haricots. Ces filets en coton sont compostables et peuvent être laissés en tas au pied d'une haie où ils vont se dégrader.

La récolte et la conservation

Les haricots verts doivent être récoltés au fur et à mesure des besoins. Si on tarde trop, les grains vont grossir, mais avec un bon arrosage les haricots ne devraient pas faire de fils et rester croquants. Pour avoir des haricots hors saison, vous pouvez les congeler !

Nos enfants sont les ravageurs les plus sympathiques de la ferme.

Herbes aromatiques

Dans le cadre d'un potager familial, nous vous invitons à penser les aromates de manière pérenne, dans des carrés potagers par exemple, ou sur un espace dédié aux aromates.

Le basilic

Le basilic 'Genovese', le classique, le basilic rouge 'Osmin', le citron, thaï, cannelle ou réglisse, il y en a pour tous les goûts ! Sous nos latitudes, nous cultivons le basilic sous serre et nous effectuons nos semis mi-mars. Veillez à le tailler régulièrement pour contrôler la montée à fleurs. À chaque aisselle de feuilles, une branche peut repartir. Il faut donc toujours couper au-dessus d'une paire de feuilles pour en assurer la suite.

Le persil plat et frisé

Bien arrosé pour limiter la montaison, le persil peut vous assurer des récoltes quasiment toute l'année et parfois repartir d'une année sur l'autre.

Persil Plat 'Géant d'Italie'

La coriandre

Effectuez des semis régulièrement au début du printemps et à l'automne pour assurer une récolte continue. Attention, la coriandre est très sensible à la montée à graines et au gel.

Le cerfeuil

Effectuez un semis en fin d'hiver pour une récolte entre le printemps et l'été et un semis en milieu d'été pour récolter en automne.

La ciboulette

À semer en début de printemps en pépinière pour un repiquage courant mai. Une fois mise en place, votre ciboulette devrait durer plusieurs années.

L'aneth

L'aneth est conseillé pour une culture d'automne, mais ne résistera pas aux gelées, même sous serre.

Les vivaces

Définissez un coin destiné aux aromatiques vivaces (thym, sarriette, mélisse, sauge…) dans votre jardin et pensez à bien le pailler pour vous éviter trop de désherbage !

Coup de pouce technique

Semez 4-5 graines de chaque aromate dans des mottes 3 x 3 cm pour faire des bouquets.

Navet

Allium porum

Alliacées

Version primeur

Nos variétés

Nous aimons cultiver le navet 'Plat De Milan' à collet rose, une variété très précoce qui fait de délicieux petits navets à manger crus autant que cuit.

Le rendement

6 kg par m²

Le semis

Nous effectuons un semis direct la première semaine de février sous serre, un semis en plaque (en mottes de 3 x 3 cm) début mars qui sera repiqué à l'extérieur pour gagner en précocité. Mettez 3-4 graines par motte pour avoir de jolis bouquets de navets.

La plantation

Nous plantons nos mottes sur broyat de déchets verts, 4 rangs semés au semoir pour le semis de février. Le repiquage se fait également sur broyat de déchets verts, sur 4 rangs, et nous repiquons une motte tous les 5 cm.

Version conservation

Nos variétés

Nous cultivons le navet 'Blanc Globe' à collet violet, le 'Plat Blanc', le navet jaune 'Boule d'Or'et le navet blanc 'Des Vertus Marteau'.

Le semis

Nous effectuons un semis direct fin juillet, sur broyat de déchets verts.

Coup de pouce technique

Pensez à bien arroser régulièrement vos semis directs réalisés en été jusqu'à la germination.

Les ravageurs

Pour éviter que les altises et mouches du chou ne détruisent votre récolte, installez des filets anti-insectes dès la germination !

La récolte et la conservation

Nous gardons les navets au champ tout l'hiver, protégés par un filet ou un voile de forçage. Mais en cas d'hiver trop froid, il faudra les récolter et les stocker en cave, fraîche et aérée.

Et ensuite ?

Un petit désherbage, un passage de broyeur et c'est reparti pour une nouvelle culture !

Le navet 'Globe Violet', à déguster rôti au four ou dans un pot-au-feu.

Poireau

Allium porum

Alliacées

Nos variétés

Nous cultivons le poireau 'Atlanta', le 'Monstreux De Carentan' et le 'Bleu De Solaize'.

Le rendement

6 kg par m^2

Le semis

Nous commandons une partie de nos plants et nous en semons une partie : 800 graines dans une terrine de 20 cm sur 40 cm. Celles-ci sont recouvertes d'une fine couche de terreau en mars. Puis, nous taillons les feuilles régulièrement pour forcer la tige à s'épaissir. Mi-juin, c'est prêt pour la plantation.

La plantation

Les poireaux se plantent à l'endroit où étaient implantées les pommes de terre l'année précédente. Il faut donc broyer l'épais résidus de paille qui leur servait de couverture dès le mois de novembre. Puis, mi-juin, juste avant la plantation des poireaux, récoltez les pommes de terre nouvelles oubliées. Arrachez les poireaux de la terrine et coupez les racines pour en laisser un petit centimètre. Coupez aussi les feuilles superflues pour favoriser la reprise à la plantation.

À l'aide de votre grelinette ou d'un plantoir, créez un trou à travers la paille et déposez-y le plant. Si le trou est trop large, ce n'est pas un souci, au contraire. Le poireau dépasse à peine la tête du paillis ? C'est parfait !

Les ravageurs

Dès la reprise assurée, un filet anti-insectes est le bienvenu ; il évitera la ponte de la mouche du poireau et donc d'avoir des vers dans les fûts.

La récolte et la conservation

Vous pouvez récolter les poireaux dès que la taille des fûts vous semble satisfaisante.

Et ensuite ?

Si vous avez suivi notre rotation courges-pommes de terre-poireaux, c'est le bon moment pour implanter un engrais vert dès la récolte des derniers poireaux en avril.

Thibault coupe les feuilles superflues des poireaux avant plantation.

Une belle récolte de poireaux

Des couleurs dans l'assiette, même en hiver !

Radis d'hiver

Brassicacées

Nos variétés

À la ferme, nous cultivons le classique radis noir rond, et les colorées, dedans comme dehors, 'Red' et 'Blue Moon'. Le 'Red Meat' est notre coup de cœur, car il a un effet « waouh » avec son cœur rose intense et un goût sucré, non piquant et délicieux. Nous aimons également cultiver les variétés asiatiques 'China Rose' et 'Daïkon'.

Le rendement

4-5 kg par m²

Le semis

Effectuez un semis direct de fin juillet à fin août.

La plantation

Nous faisons un semis direct sur broyat de déchets verts, 4 rangs semés à la main pour un espacement optimal. Une graine tous les 3 cm.

Coup de pouce technique

Un arrosage régulier permet de limiter la montée à graines et garantit des radis qui ne piquent pas (trop !). Certaines variétés méritent malgré tout d'être épluchées.

Les ravageurs

Afin d'éviter que les altises ne ruinent le feuillage et donc la photosynthèse, installez des filets anti-insectes dès la germination.

La récolte et la conservation

Vous pouvez récolter vos radis d'hiver à partir d'octobre et jusqu'à la fin de l'hiver selon les variétés. Une fois récoltés, ils se gardent facilement plusieurs semaines au frais.

Et ensuite ?

Un petit désherbage, un passage de broyeur et c'est reparti pour une nouvelle culture ! Si les radis sont montés à graines avant d'avoir pu être récoltés, vous pouvez les utiliser comme engrais verts.

BON À SAVOIR

Il est possible de semer les radis d'hiver en association avec les navets.

Nous commercialisons les radis d'hiver en bottes.

Favoriser la biodiversité

Dans le processus de création de notre ferme, le maintien de la biodiversité et son accroissement ont été au cœur de nos objectifs. Nous voulions créer une entreprise rentable, mais toujours dans le but de valoriser notre environnement. Voici quelques clés pour y parvenir.

Votre jardin est un écosystème, c'est-à-dire que tout y est connecté : les chenilles nourrissent les mésanges, les hérissons se régalent des limaces, les uns n'existent pas sans les autres. Par exemple, si vous faites la guerre aux pucerons, vous n'aurez plus de coccinelles, car le puceron nourrit leurs larves.

Diversifier les écosystèmes : de l'importance des arbres et des haies

Votre jardin se compose simultanément de sa faune et de sa flore : le potager, une prairie fleurie, des mares, des haies variées… Pour y développer une biodiversité riche, rien de mieux que d'y diversifier les espaces.

Ces dernières années, nous avons constaté l'émergence de haies ne mélangeant qu'une espèce : troène, cyprès, thuya, laurier-cerise. Avec leur croissance rapide et leur feuillage persistant, ces arbres, aux variétés souvent allogènes, permettent d'obtenir au plus vite une haie efficace. Cependant, attention, ces blocs monolithiques et mono-espèces, ne vont pas constituer un espace privilégié pour la faune locale.

Une haie diversifiée va davantage être un lieu de biodiversité riche. En favorisant des arbres et arbustes locaux et en mixant les essences, vous créerez dans ces haies des abris, des lieux de passage et des garde-manger pour la faune. En alternant les feuillus, les résineux, les arbustes à fleurs ou à petits fruits, les épineux, les caducs ou les persistants, vous profiterez ainsi du spectacle d'une haie qui va sans cesse évoluer au fil des saisons.

Laisser des espaces « sauvages » et tolérer les « indésirables »

Dans ce livre, nous vous invitons, comme nous l'avons fait dans notre jardin, à vous interroger sur la vision que nous possédons d'un jardin bien entretenu et sur le besoin de l'homme de maîtriser la nature. « Ça ne fait pas propre. » entend-on régulièrement à propos de notre pelouse trop haute et des touffes d'herbe envahissant la terrasse. Nous souhaitons dompter, dresser la nature qui nous entoure, mais nous nous étonnons ensuite des dysfonctionnements qui s'y opèrent !

Vos rosiers sont attaqués par les pucerons ? Mais si vous ne laissez pas de tas de branchages ou de feuilles mortes et que votre pelouse n'a rien à

Les coccinelles de notre jardin.

envier à un *green* de golf, cela ne fabrique pas d'abri pour que les coccinelles puissent passer l'hiver dans votre jardin et faire un festin de pucerons au printemps. On vous le dit, tout est lié ! Alors, bien sûr, vous pouvez conserver une partie de votre jardin bien tondu, mais gardez-y toujours un petit coin sauvage. Vous ne pourrez que constater les bénéfices de la biodiversité sur votre parcelle.

Zéro pesticide !

Faut-il vraiment rappeler que les produits phytosanitaires tuent les insectes, polluent les eaux et sont accessoirement mauvais pour votre santé ? Les pesticides, c'est non, un point c'est tout !

Pas de monoculture

« La diversité est source de santé. » affirment Claude et Lydia Bourguignon dans leur livre *Le sol, la terre et les champs* (éd. Sang de la terre, 2015). L'une des calamités de l'agriculture moderne se joue dans la monoculture. Cultiver des hectares d'une même variété sur un seul espace favorise la propagation des maladies et des parasites. Pour régler le problème, difficile de se passer des produits phytosanitaires. Dans notre ferme, malgré les enjeux économiques et le besoin de rentabilité, nous avons fait le choix de planter notre verger en alternant les variétés au maximum. Sur une même ligne d'arbres fruitiers, abricots, poiriers, pruniers et cerisiers se succèdent et cohabitent. Dans le cas d'une ligne de pommiers, nous mélangeons plutôt les variétés.

Un bourdon se régale dans une fleur de bourrache.

Comment attirer les insectes pollinisateurs ?

Des fleurs, des fleurs et encore des fleurs ! Lorsque l'on commence une activité de maraîchage, on peut tellement être la tête dans le travail des légumes, que les fleurs peuvent passer au second plan. C'est seulement lors de notre deuxième saison à la ferme que nous avons décidé de semer quelques fleurs comestibles dans nos serres, afin d'y attirer les insectes pollinisateurs. Bourraches, cosmos, mauves, soucis et bleuets : à chaque début de saison, les fleurs prennent place et se ressèment annuellement çà et là dans les serres et dans le jardin. Et quel bonheur pour le jardinier de travailler dans un bel espace fleuri et parfumé !
Voir « Le pouvoir des fleurs », p.88-89 pour plus de détails.

Créer des abris pour les auxiliaires

Alors, pas la peine de vous lancer dans la fabrication d'un hôtel à insectes sophistiqué pour y accueillir tous les auxiliaires dont vous aurez besoin (sauf si c'est pour occuper les enfants le dimanche). Les bambous que nous utilisons comme tuteurs dans les serres cachent des guêpes et des coccinelles, un tas de vieux branchages accueille une famille de hérissons ou encore, des bourdons ont élu domicile dans un vieux ballot de paille. Les seuls abris que nous avons créés sont des nichoirs pour les mésanges et les rouges-gorges, et chaque année, ils sont heureux d'investir ces petites maisons de bois perchées au milieu des pommiers.

Les hérissons viennent piquer les croquettes des chats.

Eviter la pollution sonore et lumineuse

Oui, il est très pratique d'avoir bordé votre allée de petits spots s'allumant sur votre passage. Mais, ne pensez-vous pas qu'ils s'allumeront aussi lors des allées et venues des animaux nocturnes peuplant votre jardin ? L'obscurité et le silence sont nécessaires pour que vive paisiblement ce petit monde de la nuit. Il suffit de se mettre à la place de tous ces colocataires avec qui nous partageons notre terrain et de respecter leurs besoins.

Nid de guêpes dans les bambous

Le bâchage des cultures

La meilleure solution pour détruire les végétaux qui composent votre prairie et votre pelouse est la bâche d'ensilage. Cela paraît contre-intuitif, mais c'est pourtant la solution la plus écologique pour l'environnement et votre sol.

Cette bâche vous permettra d'en préserver la vie, là où un coup de labour réduirait à néant 80 % de ses vers de terre. Un coup de labour, c'est aussi favoriser la libération du carbone de la matière organique. Le résultat d'un hectare labouré correspond aux émissions en CO_2 de 36 Français sur un an ! On vous laisse faire le calcul à l'échelle de votre potager... Alors, pas de complexe avec cette bâche que vous pourrez réutiliser et qui dispose d'une filière de recyclage spécifique !

Quand faut-il poser sa bâche ?

Un peu quand vous le voulez ! L'important n'est pas « quand la poser ? », mais plutôt « combien de temps la laisser sur place ? ». Il faut compter 6 mois poussant. Ici, en Normandie, la période est d'avril à octobre. Après quelques semaines, nous avons l'impression que le sol est « propre » : grave erreur ! Les vivaces utiliseraient leurs réserves racinaires pour tout recoloniser en quelques semaines. Il faut être patient, ce temps de destruction est incompressible.

D'un point de vue technique

Nous vous conseillons une bâche à l'épaisseur de 150 à 200 microns et de couleur noire. Vous en trouverez à la coopérative agricole la plus proche de chez vous ou sur Internet sous la référence « bâche d'ensilage ». Vous pouvez aussi en récupérer d'occasion, et parfois en très bon état, chez des agriculteurs voisins.

Comment fixer la bâche ?

Pour fixer la bâche, vous pouvez utiliser des agrafes, mais si vous êtes sujets au vent (comme chez nous), mieux vaut utiliser quelque chose de plus lourd. De vieilles poutres ou de lourds morceaux de bois peuvent faire l'affaire (tout comme des portes ou des fenêtres de récupération). Nous utilisons de vieux pneus récupérés chez les agriculteurs du coin. Pas très écolo ? Pourtant, cela donne une deuxième vie à un objet qui partirait directement à la déchetterie. En termes de « bilan carbone », cela bat n'importe quel objet qui serait produit uniquement pour cet usage (comme les sacs en toile remplis de gravier).

Une bâche d'ensilage maintenue par des pneus.

Après 6 mois chaud sous la bâche, les mauvaises herbes ne repousseront pas.

Trop impatient ?

On le sait, comme nous, vous êtes pressés d'obtenir vos jolis légumes ! Sachez que vous pouvez aussi vous servir de ces bâches d'ensilage pour cultiver quelques légumes la première année, pendant que la prairie se détruit. Vous pourrez notamment y planter les courges, courgettes, choux-fleurs et choux d'hiver. Mais attention à bien pailler tout autour du trou de plantation afin d'occulter la prairie à cet endroit-là également.

Une alternative à la bâche

L'application d'une énorme couche de matière organique peut être envisagée à la place de la bâche. Au minimum (nous précisons bien « au minimum » !), 60 cm de matière organique après la tonte de l'endroit convoité seront nécessaires. Selon la vitesse de dégradation de votre sol, il faudra peut-être réapprovisionner la couche d'occultation au fur et à mesure et nous ne vous garantissons pas forcément un résultat optimal. Attention, si l'on détruit mal les végétaux en place à l'endroit du futur potager, on se lance dans une bataille contre la prairie que nous sommes sûrs de perdre. En effet, la prairie va chercher à gagner du terrain en repoussant encore et encore !

La rotation des cultures

Le principe de rotation des cultures est assez simple : d'années en années, différents légumes se succèdent sur une même parcelle. Ce concept, aussi appelée « assolement », vise à diminuer la pression des ravageurs et des maladies et à ne pas épuiser les sols. Le tout est de bien faire attention à ce que les légumes d'une même famille ne soient pas cultivés au même endroit sans que ne s'écoule en amont plusieurs années, l'idéal étant 5 ans.

Faites tourner les paillis

Nos méthodes de cultures s'intéressent davantage à l'alimentation du sol qu'à celle des légumes. Et une fois fertile, le sol répond à leurs besoins. Ainsi, nous n'envisageons pas les rotations selon les besoins des légumes puisqu'ils sont toujours censés disposer de la nourriture nécessaire à leur croissance.

Il y a quelques années, la mode était à une succession qui se basait sur la partie récoltée du légume : feuilles, fruits, racines... De notre point de vue, cela n'a aucun sens ! Nous récoltons les feuilles de blettes et les racines de betteraves, or, ces deux légumes sont de la même famille et donc sujets aux mêmes maladies et ravageurs. Les faire se succéder est donc absurde ! Même réflexion pour la pomme de terre et la tomate : on ne consomme pas la même partie de ces végétaux et pourtant, elles sont de la même famille et les faire se succéder peut être problématique...

Petit rappel des principales familles de légumes

- **Les cucurbitacées : courges, melon...**
- **Les solanacées : pommes de terre, tomates...**
- **Les apiacées : fenouils, carottes...**
- **Les brassicacées : choux, navets...**
- **Les alliacées : poireaux, ails...**
- **Les fabacées : haricots, pois...**

Pourquoi effectuer des rotations de culture ?

Tout simplement car les ravageurs qui restent sur place pourraient attaquer la culture suivante, idem pour les maladies. Par exemple, la mouche de la carotte peut hiverner dans le sol et s'attaquer à vos céleris-raves l'année suivante. Les doryphores, arrivés en fin de cultures des pommes de terre, seront déjà sur place si vous les replantez au même endroit. En laissant une famille éloignée d'un endroit de votre potager, vous allez ainsi faire mourir de faim ses prédateurs. Après quelques années, la parcelle redevient vierge de toute menace et c'est reparti pour un cycle !

Comment s'y prendre ?

Une planification rigoureuse (voir « Planifier pour mieux cultiver », p.48 à 50) est donc importante. À la ferme des Gobettes, nous prévoyons chaque année en décembre tout l'assolement pour l'année qui suit. Mais attention, il nous arrive de faire quelques exceptions. Dans 90 % des cas, nous réalisons des rotations, mais, nous sommes parfois dans l'impossibilité de trouver une place adéquate à un légume qu'il nous faut absolument produire. Cela nous arrive par exemple avec les choux d'hiver représentant une grande partie de l'assolement. Nous essayons cependant au maximum de nous tenir à la plus grande des disciplines.

Attention à « l'effet débutant »

Sur un terrain vierge, les deux ou trois premières années de potager, on constate peu de problèmes, peu de maladies et peu de ravageurs. Vous allez donc penser « Je suis un génie ». Du calme, les soucis arriveront progressivement sans que cela devienne forcément problématique. Ainsi, mettre directement en place, une rotation rigoureuse permet de limiter les ennuis.

Les choux 'Gros Des Vertus', à récolter avant les premières gelées.

L'association de cultures

L'association de cultures consiste à planter ensemble des espèces différentes pour qu'elles s'entraident. Associer des cultures ensemble est à la mode, un peu comme la culture sur butte. L'idée est plutôt bonne et efficace, à condition de la mettre en place de façon pertinente.

Associer à l'échelle d'un lieu entier

Associer des cultures se réfléchit à l'échelle d'un jardin entier. Mettre sur le même rang, un poireau, une carotte, un chou, un oignon, puis recommencer, ça sert à vendre des livres sur la permaculture, pas à obtenir des légumes sains et vigoureux. Si l'odeur du poireau peut ennuyer la mouche de la carotte et l'odeur de la carotte éloigner les mouches du poireau, planter les deux ensembles sans protection, c'est l'assurance de se retrouver avec des vers à la fois dans les carottes et dans les poireaux. En plus d'être un peu ridicule, cette idée devient particulièrement pénible dès lors qu'il faut planifier, planter, semer et surtout récolter.

Il faut ainsi prendre un peu de hauteur et arrêter de regarder ses pieds. À La ferme des Gobettes, nous n'envisageons pas l'efficacité des associations de cultures à l'échelle d'un carré potager ou d'un bout de planche de culture, mais à celle du jardin tout entier. Pour maximiser la biodiversité et copier au maximum le fonctionnement de la nature, un bloc destiné aux carottes à côté d'un bloc destiné aux poireaux et tout aussi efficace qu'une alternance poireaux-carottes sur les rangs.

Pour prendre un autre exemple, on lit souvent qu'il faut planter des œillets d'Inde aux pieds des tomates. Ces fleurs attirent les prédateurs des pucerons. Ainsi, les syrphes et les papillons venant butiner les œillets se chargeraient de manger les pucerons des tomates. On voudrait gérer le vivant comme un DRH gère le planning des congés. La nature est bien plus complexe et surtout, les papillons et les syrphes sont bien plus intelligents. Ne vous inquiétez pas pour eux. Les pucerons ont su trouver vos tomates, ils sauront trouver les pucerons, pas besoin de leur coller pile sous le nez.

Des planches plus productives

Cela étant dit, il nous arrive pourtant d'associer des cultures sur une même planche. Nous partons d'une réflexion simple : ce qui nous prend le plus de temps du semis à la récolte d'un légume, c'est la préparation de l'endroit où il va pousser. Par conséquent, quand cet espace est prêt, il faut y maximiser les végétaux qui vont y pousser. Nous travaillons dans ce sens à la densification des cultures, mais donc également à leur association.

De cette manière, au printemps, nous associons sur une même planche, courgettes avec salades, choux-raves ou fenouils. Les courgettes sont plantées sur un rang central et nous plantons ces autres légumes entre les courgettes et sur les côtés. Quand les salades, fenouils et choux-raves sont prêts, ils sont récoltés, laissant toute la place aux courgettes qui commençaient à être à l'étroit de se développer.

Dans le même état d'esprit, nous associons des choux 'Pak-Choi' et des oignons nouveaux aux haricots et pois mange-tout palissés. Ou encore, nous plaçons des radis entre les rangs de carottes. Des centaines d'associations permettant de gagner de la place ou de remplir encore plus les espaces cultivés peuvent être inventées. À vous de jouer, mais gardez bien à l'esprit que cela doit vous simplifier la vie, vous faire produire plus pour moins d'effort.

intemps, nous densifions au maximum les cultures sous serres.

L'automne

Pour nous, c'est la plus belle des saisons ! Sur nos étals, les légumes d'été font face aux légumes de saison, la diversité et la sensation d'abondance sont particulièrement épanouissantes. Un peu d'ail à planter dehors, mais pour le reste, ça se passera essentiellement sous serre. On rend au sol les cultures d'été et on met en place les cultures d'hiver et les premiers légumes pour le prochain printemps : fèves, oignons en mottes, racines d'endives, mesclun…

C'est aussi la période de récolte des pommes, poires, nashis, coings… qui seront mis à l'abri avec les panais, betteraves, carottes, céleri-rave et courges. Si vous n'avez pas eu le temps avant, c'est le dernier moment pour récolter et conserver les graines des légumes d'été : haricots, tomates, aubergines, poivrons… C'est la même chose pour les endroits à couvrir de matières ou de bâches pour qu'ils passent l'automne, l'hiver et parfois le printemps à l'abri du ré-enherbement.

Ail

Allium sativum

Alliacées

Nos variétés

Avec son climat frais et surtout humide, la Normandie n'est pas vraiment une région adaptée à la culture de l'ail. Nous ne cultivons que de l'ail mis en place à l'automne, 'Germidour' pour le violet et 'Messidrome' pour le blanc, car cela fonctionne chez nous. Il existe cependant des variétés d'ail de printemps.

Le rendement

Chaque gousse d'ail vous donnera une tête d'ail.

Le semis

Nous achetons nos « plants » d'ail, c'est-à-dire que nous achetons des têtes d'ail dont nous plantons les gousses entre fin octobre et début novembre.

La plantation

Nous plantons une gousse par trou, sur 5 rangs, 20 cm sur le rang et sur une toile tissée. Il suffit d'enfoncer les gousses aux trois quarts de leur hauteur.

Protéger l'ail des insectes

Nous vous conseillons d'utiliser un filet anti-insectes pour éviter toute attaque de la mouche. Posez-le avant le début du printemps (février). Comme pour les oignons, le filet est soutenu par des arceaux afin d'éviter de casser les tiges.

La récolte et la conservation

Vous pourrez récolter de l'aillet, l'ail frais, dès les mois de mars/avril. Pour avoir de l'ail à conserver, attendez que le feuillage soit fané aux deux tiers. Dès que la météo prévoit plusieurs jours de soleil, arrachez-les et laissez-les sur place. Après quelques jours, rentrez-les dans un endroit sec et bien ventilé pour finir le séchage. Attention à les faire sécher bien étalés et à les retourner régulièrement. Le séchage est la clé d'une bonne conservation. Stockez-les ensuite au sec dans des cageots.

La récolte de l'ail en famille.

Notre récolte d'ail 'Germidour'.

Blette

Beta vulgaris

Chénopodiacées

Nos variétés

Nous aimons cultiver les blettes de Berac pour la carde blanche, la blette 'Charlotte' pour la carde rouge et la blette 'Bright Yellow'.

Le rendement

Sur une saison, on peut facilement récolter 6 kg par pied de blette, plutôt 3-4 kg sur des blettes de couleur.

Le semis

Vous pouvez effectuer 3 semis dans l'année : un début mars, si vous souhaitez manger des blettes l'été, un fin juin pour les récoltes jusqu'aux gelées et un dernier semis mi-septembre qui sera planté sous serre pour l'hiver. Comptez un mois du semis à l'obtention du plant.

La plantation

Les blettes sont plantées dans un lit de 20 cm de fumier pailleux, sur 3 rangs et tous les 20 cm en quinconce.

Coup de pouce technique

Attention la « graine » de blette est un glomérule, elle contient en réalité plusieurs graines. Il faudra éclaircir vos plants avant la plantation pour ne garder qu'un seul plant par motte.

Les ravageurs

Attention aux limaces dans le fumier, un petit plant de blettes a vite fait de disparaître !

La récolte et la conservation

La blette est un légume que nous récoltons au gré de nos besoins. Nous coupons les feuilles extérieures du plant, ce qui permet de faire plusieurs récoltes par pied et d'avoir des blettes toute l'année.

BON À SAVOIR

Quand les blettes montent en fleurs, on broie tout, c'est un engrais vert extra !

Céleri branche

Apium graveolens

Apiacées

Nos variétés

Nous cultivons le 'Tango', une variété ancienne croquante et parfumée que nous trouvons en graines prégermées et enrobées. Ces dernières nous facilitent le semis, car les graines de céleri sont minuscules et le taux de germination est meilleur de cette manière.

Le rendement

800 g à 1 kg

Le céleri peut se récolter branche par branche.

Le semis

Notre conseil : une graine par motte de 3 x 3 cm. Nous faisons plusieurs semis entre février et décembre si vous avez des serres et entre mars et mai pour une plantation en plein champ. Comptez bien deux mois entre le semis et l'obtention du plant.

La plantation

Comme les salades, le céleri est une culture que nous conduisons sur toile tissée sur 4 rangs avec un espacement de 20 cm sur le rang. Ainsi, sur une même bâche, nous pouvons mettre des céleris, des salades et des fenouils ou des choux-raves, ce qui permet de faire plusieurs petites séries de chaque légume.

Coup de pouce technique

Un arrosage régulier est la clé pour un céleri bien croquant. Attention cependant à l'excès d'humidité qui favorise certaines maladies cryptogamiques comme la fusariose.

La récolte et la conservation

Deux possibilités pour la récolte : couper le pied entier une fois qu'il a atteint une belle taille ou récolter au gré de ses besoins les branches extérieures et laisser celles du centre se développer pour la prochaine récolte. Le céleri branche se garde longtemps au réfrigérateur. Vous pouvez aussi le congeler en tronçons après l'avoir juste blanchi 2 min dans l'eau bouillante.

Nos fèves 'Aguadulce' sont maintenues par des ficelles pour éviter qu'elles ne plient sous leur propre poids.

Fève

Vicia faba

Fabacées

Nos variétés

Nous cultivons la fève 'Aguadulce'. Ce n'est pas la variété la plus précoce, mais elle a un super rendement grâce à ses longues cosses de 25-30 cm de long ! En plus, la récolte s'échelonne sur plusieurs semaines.

Le rendement

4 kg par m²

Le semis

À La ferme des Gobettes, nous réalisons des semis directs : un premier semis sous serre début novembre et un second dehors, fin février.

La plantation

Nous plantons nos fèves sur 4 rangs, avec un écartement de 20 cm sur le rang. Sous serre, elles sont semées après la culture des tomates, dans le résidu de fumier pailleux/plants de tomates qui a été broyé. Sur cette période, malgré le paillage un peu maigre, il ne devrait pas y avoir de fortes poussées d'adventices. Dehors, les fèves sont cultivées sur toile tissée. Écartez un peu le paillage et plantez les graines directement dans la terre.

Coup de pouce technique

Les fèves ont tendance à verser, c'est-à-dire à se coucher sous leur propre poids. Pour éviter cela, nous avons mis en place le système suivant : un fer à béton planté tous les 3 m et relié aux autres avec des ficelles à 3 hauteurs différentes. Passez régulièrement dans chaque rang pour remettre les fèves à l'intérieur des fils.

Les ravageurs

L'hiver, les campagnols aiment grignoter les fèves juste semées. Mais depuis que nous avons adopté des chats, nous sommes moins sujets à ce problème !

La récolte

Nous récoltons les fèves semées en novembre à partir du mois de mai. Si les fèves restent longtemps sur le plant, elles sèchent et peuvent être mangées plutôt cuites. Pour avoir des fèves bien fraîches, il faut les récolter au fur et à mesure.

Mesclun asiatique et roquette

Brassicacées

Nos variétés

Pour le mesclun, nous aimons faire un mélange de 'Pak-Choï', 'Mizuna', 'Golden Frills' et de blettes que nous achetons chez Agrosemens et auquel nous ajoutons du 'Purple Frills' et de la moutarde 'Osaka'. Pour la roquette, nous préférons celle cultivée à la sauvage, sa feuille est plus fine et son cycle plus précoce.

Le rendement

3-4 coupes peuvent être réalisées sur la culture.
3 à 4 kg par m²

Le semis

Nous semons sous serre fin janvier et nous effectuons un autre semis dehors, fin avril. Les jeunes pousses et la roquette sont très sensibles aux fortes températures, donc inutile de tenter ces légumes pendant l'été. Nous refaisons un semis extérieur mi-août, puis de nouveau sous serre entre fin septembre et mi-octobre.

La plantation

Nous réalisons un semis direct sur un lit de compost. Le mélange : 20 g de mélange 'Mesclun Asiatique', 5 g de 'Mizuna' et 5 g d''Osaka' pour 3,75 m² de planche. Pour la roquette, comptez 30 g de graines pour obtenir cette même densité. Nous mélangeons les graines avec 80 g de sable sec pour rendre le semis à la volée harmonieux. Tasser au râteau et arroser jusqu'à germination.

BON À SAVOIR

Après plusieurs coupes ou quand les températures varient et stressent les plantes, celles-ci montent à graines. Laissez-faire, vous obtiendrez un engrais vert gratuit qu'il ne vous restera plus qu'à broyer.

Les ravageurs

Comme tous les légumes de cette famille, nous protégeons nos semis extérieurs par des filets anti-insectes pour éviter que les altises en fassent leur quatre-heures.

La récolte et la conservation

Coupez quelques centimètres au-dessus du collet et récoltez toutes les deux ou trois semaines. Vous pouvez effectuer jusqu'à quatre coupes par série.

Une dizaine de variétés composent notre mesclun.

Pourpier d'hiver

Claytonia perfoliata

Montiacées

Nos variétés

Nous, le pourpier, on l'adore ! C'est le *hit* de l'hiver. Nous aimons cultiver le 'Claytone De Cuba', une petite salade riche en vitamines et minéraux, aux feuilles un peu grasses comme la mâche, très facile à faire pousser, à récolter et à préparer.

Le rendement

5-6 récoltes par culture

Le semis

Réalisez un semis début septembre pour une plantation sous serre. Les graines de la 'Claytone' sont particulièrement minuscules ! Mettez une petite pincée de graines par motte de 3 x 3 cm pour avoir des touffes généreuses à la récolte. Comptez un bon mois du semis à l'obtention du plant.

La récolte du pourpier.

La plantation

Plantez votre pourpier sur toile tissée, sur 3 rangs, tous les 20 cm en quinconce.

La récolte et la conservation

Nous récoltons le pourpier plusieurs fois. On prend la touffe de feuilles dans une main et on coupe à 3-4 cm au-dessus du sol. Le pourpier repousse régulièrement et généreusement jusqu'au mois de mai. En fleurs, il est encore plus joli dans les salades. Nous arrêtons de le récolter lorsqu'il est à graines. Une fois rincé, il se garde facilement plusieurs jours au réfrigérateur.

Et ensuite ?

Dès que le pourpier va faire des graines, il faut le couper au risque de vous retrouver avec du pourpier plein votre serre pour les années à venir ! On le coupe, on le broie et c'est reparti pour la culture suivante.

Le pourpier, une salade riche en vitamines.

Radis rose

Raphanus sativu

Brassicacées

Nos variétés

Nous cultivons le radis rond 'Raxe'.

Le rendement

6-7 bottes de radis par m^2

Le semis

Effectuez un semis direct toutes les trois semaines à partir de fin janvier sous serre, et à partir d'avril en extérieur. Nous arrêtons de début juin à mi-août parce qu'il fait trop chaud et les radis montent à graines rapidement ou piquent trop. Nous reprenons les semis fin août jusque fin septembre pour des récoltes d'automne. Le radis est facile à associer à d'autres semis directs. Son cycle est plus court que celui de la carotte ou de la betterave. Cela vous permet de maximiser l'espace cultiver sans que les cultures se concurrencent.

La plantation

Réalisez un semis direct sur broyat de déchets verts, 6 rangs semés au semoir. Il est possible de semer le radis rose en association avec des betteraves, carottes, navets et autres légumes qui s'implantent directement sur broyat, sur le côté des planches de culture par exemple. Comme ils ont une croissance rapide, ils seront développés et récoltés tôt pour laisser toute la place à leurs voisins.

Coup de pouce technique

Comme pour les radis d'hiver, un arrosage régulier permet de limiter la montée à graines et garantit des radis qui ne piquent pas.

La récolte

Récoltez vos radis six semaines après le semis l'hiver et 4 semaines en été.

Et ensuite ?

Un petit désherbage, un passage de broyeur et c'est reparti pour une nouvelle culture ! Si les radis sont montés à graines avant d'avoir pu être récoltés, vous pouvez les utiliser comme engrais verts. Les pollinisateurs apprécieront leurs jolies fleurs jaunes.

Notre récolte de radis ronds 'Raxe'.

Conserver ses légumes

Dans la réflexion autour de la création de votre potager, il est intéressant de penser à la question de la conservation. Non seulement vous allez forcément, sur quelques légumes, vous retrouver avec une surproduction par rapport à vos besoins, mais il faut aussi gérer l'hiver et les légumes dits « de conservation » justement !

Avoir une cave

Une cave ou une pièce fraîche l'été et hors gel l'hiver est nécessaire pour profiter pleinement de sa production. L'été, il faut récolter certains légumes tous les deux jours, pour éviter que les tomates s'abîment ou que les courgettes ne deviennent énormes par exemple. S'ils ne sont pas abîmés, les légumes peuvent se garder facilement plusieurs jours dans une pièce fraîche. L'hiver, cette pièce pourra vous servir de salle de stockage pour les carottes, céleris-raves, betteraves, pommes de terre…

Les carottes et les betteraves se conservent très bien dans de vieux sacs de terreaux. Ceux-ci sont en effet micro-perforés et permettent une bonne conservation tout l'hiver à condition que les légumes n'aient pas été lavés après la récolte. Gare aux pommes qui produisent un gaz faisant mûrir et donc pourrir les autres légumes. Veillez à les garder à part.

Laisser quelques légumes au champ

Le climat normand nous permet de laisser des légumes passer l'hiver au champ, sous un voile de forçage ou un filet anti-insectes. Carottes, panais, céleris-raves, si la pression des mulots n'est pas trop forte dans votre jardin et que vous n'êtes pas soumis à de fortes gelées, peuvent passer l'hiver dans le sol et être récoltés au fur et à mesure des besoins. Les poireaux, choux de Pontoise ou de Lorient et choux de Bruxelles vont pouvoir rester au jardin tout l'hiver sans problème.

Faire des réserves

Rien de tel qu'un coulis de tomates fait maison avec les tomates du jardin pour faire revenir un peu de soleil dans un hiver tout gris. Manger de saison peut parfois être un peu répétitif. Nous avons beau cultiver une grande diversité de légumes, fin mars, on en a ras l'assiette des choux et des poireaux ! Alors pour se faire plaisir, rien de tel que de prendre un peu de temps l'été pour se préparer quelques conserves qui nous permettront de tenir l'hiver. Bocaux de soupe de courgettes, coulis de tomates, concombres lacto-fermentés, vous avez le choix.

Vous n'avez pas le temps ni l'énergie de vous lancer dans la préparation et la stérilisation de bocaux ? On comprend et on a une astuce pour vous : la congélation. Oui, ce n'est pas le top de l'écologie, mais parfois il faut faire des compromis et c'est toujours mieux que d'acheter des tomates bretonnes en plein hiver, cultivées sous serre à grand renfort de chauffage et de lampes UV. La congélation vous permet de garder facilement un stock de légumes d'été : courgettes coupées en cubes ou en rondelles, haricots verts écossés et juste blanchis 5-6 min, poivrons juste évidés, coupés en deux ou en petits morceaux… Vous pouvez même congeler des tomates entières juste rincées. À la sortie du congélateur, il suffit de les passer sous l'eau tiède et la peau s'enlève toute seule.

Garder les courges au chaud

Les courges, elles, doivent être conservées dans un espace à part, idéalement dans une pièce tenue autour de 15° C et sans humidité, car elles n'aiment pas du tout les variations de température. Les premières années de la ferme, lorsque nous n'avions pas d'espaces pour les stocker, la maison était pleine de courges, du salon jusque dans les chambres d'amis !

Notre ferme sous la neige.

La fertilisation

Techniquement, la fertilisation des légumes est quelque chose d'assez facile, une fois que l'on comprend une chose simple : on nourrit le sol, pas les légumes. Notre stratégie, c'est de bien s'occuper de notre sol et de le mettre dans les meilleures conditions pour qu'il puisse répondre aux besoins de nos végétaux. Un peu comme nous avec notre corps. Plus on mange sain et équilibré, mieux on se développe et plus on est en bonne santé.

Etat des lieux de notre sol

Quand nous nous sommes installés, nous avons réalisé une analyse de sol. La pousse de la prairie que nous allions cultiver nous arrivait au-dessus de la taille, nous n'avions donc pas vraiment peur que nos légumes manquent de nourriture, mais c'est une expérience toujours intéressante à réaliser lorsqu'on débute. Puis au bout de 5, 10, 15, 20 ans pour voir l'influence de nos pratiques sur le sol. Notre taux de matière organique (MO) était de 3,5 % et le pH de 5,5 pour un sol argilo-limoneux. Des informations pratiques, mais pas à prendre au pied de la lettre. Ainsi, un conseiller de la chambre d'agriculture nous avait assuré qu'il serait impossible de faire pousser des choux sur notre terrain « trop acide ». Résultat, premier chou-fleur : 3,7 kg.

Elsa apporte de la matière organique carbonée à notre sol...

Notre petit tracteur est très utile pour déplacer le fumier pailleux.

Du carbone !

C'est la nourriture préférée de la vie du sol. Vers de terre, micro-organismes, bactéries, tout ce petit monde se nourrit de carbone, prolifère, puis relâche de l'azote disponible pour les plantes. Paille, bois raméal fragmenté (BRF), feuilles mortes, fumier pailleux… quelle est la meilleure matière organique carbonée ? Pour nourrir son sol, il y a plein de solutions. La meilleure est la matière disponible chez vous, ou le plus près de chez vous, et qui vous coûte le moins cher possible.

À la ferme, nous avons plusieurs fournisseurs pour nos apports en matière organique : nous récupérons du fumier de cheval très pailleux grâce à un haras voisin, nous achetons chaque année des ballots de paille chez un agriculteur engagé dans des pratiques agroécologiques, la plateforme de déchetterie locale nous fournit un broyat de déchets verts de bonne qualité pour nos semis directs et enfin, un ami paysagiste vient régulièrement vider sa benne d'herbe de tonte ou de feuilles mortes sur notre terrain. Ainsi, nous avons des apports variés et suffisants, de manière locale, pour combler nos besoins.

La faim d'azote

Des légumes qui ne poussent pas, deviennent jaunes, végètent et meurt parfois ? C'est peut-être le signe d'un manque d'azote. La faim d'azote se manifeste par un manque de nutriments dans le sol, en particulier l'azote qui est essentiel pour la croissance et le développement des plantes. Pour décomposer la matière carbonée, les organismes qui vivent dans le sol vont consommer de l'azote. Quand ils n'en trouvent pas assez dans ce que vous leur donnez à manger, ils le puisent dans les réserves du sol. Si votre sol n'est pas très riche, les organismes vont épuiser les réserves d'azote du sol et il n'y en aura plus de disponible pour vos plantes. Cela est assez rare, mais peut arriver.

Vous avez apporté un peu trop de carbone par rapport à ce que votre sol pouvait digérer ? Tout d'abord, pas de panique ! La situation ne va pas durer, en quelques mois, cela va se régler. Vous pouvez intervenir avec des matières azotées pour fournir à vos plantes ce dont elles ont besoin. Et surtout, dites-vous bien qu'une fois ce phénomène passé (si jamais il se produit), la vie du sol sera mécaniquement assez développée pour encaisser d'autres apports carbonés. C'est juste une étape dans la construction d'un sol vivant et équilibré.

Un apport bonus

Parce que nous en avons à disposition avec notre poulailler mobile, nous utilisons aussi les fientes de nos poules. Pas vraiment par nécessité, mais plus que parce que cet apport est là, à disposition, et que c'est plus facile de l'utiliser que de le jeter. Nous utilisons une petite brouette par planche quand il faut vider le poulailler, principalement avec des légumes feuilles comme les blettes ou les salades.

Une serre pour optimiser son temps de production

Une serre n'est pas du tout obligatoire dans un potager. Mais, soyons honnête, si vous voulez vous amusez un peu, démarrer plus tôt la saison et la finir le plus tard possible, les serres sont des outils très intéressants.

Une serre, mais de quelle taille ?

Sur Internet, vous trouverez des serres de toutes les tailles et à tous les prix, mais souvent de mauvaise qualité (bâches fragiles, structures trop légères...) et qu'il faudra régulièrement remplacer. Nous vous recommandons d'acheter d'occasion une petite serre professionnelle ou quelques mètres d'une serre à un maraîcher ou à un pépiniériste... Surveillez les petites annonces !

Avec une serre d'un volume important, vous bénéficierez d'une meilleure inertie thermique : il y fera moins chaud pendant l'été et moins froid pendant les gelées. Et si vous n'utilisez pas toute la surface en culture, vous pourrez vous servir de la place restante pour les semis et pour y ranger votre matériel de jardinage.

Où la placer ? Une serre qui s'intègre au paysage

Il va falloir trouver un compromis entre le côté pratique et le côté esthétique. Retenez que c'est dans la serre que vous passerez le plus de temps puisque c'est là que se trouvent les semis et qu'il est possible de cultiver le plus longtemps possible. Ce n'est donc pas forcément une bonne idée de l'installer au fin fond du jardin. À l'inverse, une serre n'est pas l'outil le plus esthétique, surtout quand on essaie de développer un jardin de légumes, fruits et plantes sauvages. L'idéal est donc de planter des arbres ou des plantes pérennes non loin pour la dissimuler (ou plutôt l'intégrer le mieux possible au paysage que vous êtes en train de construire).

Et si j'avais plusieurs serres ?

À la ferme, nous avons plusieurs serres. La mode étant à une grande et unique serre, cela ne nous est pourtant pas apparu pertinent et ce, pour plusieurs

Nos serres, orientées de différentes façons.

Une de nos serres au printemps.

raisons. Tout d'abord, pour une raison d'esthétisme, nous trouvions cela très moche... Ensuite, cultiver sous plusieurs serres permet d'empêcher efficacement la propagation d'une maladie ou d'un ravageur d'une serre à l'autre. Enfin, en cas de tempête, cela évite d'avoir l'intégralité de son seul outil de production inutilisable, et c'est aussi pour cette raison que nous avons choisi plusieurs orientations pour les emplacements de nos différentes serres.

L'avis des Gobettes

Nos serres dont les portes sont orientées au Nord et au Sud se réchauffent moins vite au printemps et à l'automne, mais sont moins soumises aux chaleurs extrêmes en été. À l'inverse, nos serres disposées Est-Ouest captent mieux les rayons du soleil, pour le meilleur, comme pour le pire.

De l'importance de portes pratiques

Dans la plupart des climats, après les saints de glace et jusqu'à fin septembre, les portes peuvent être démontées et la serre peut rester ouverte en continu. Mais au printemps et parfois à l'automne, vous devrez ouvrir ou fermer les portes des serres plusieurs fois par jour afin d'éviter les coups de froid ou les coups de chaud. Réfléchir à un système de porte intégrale est pratique et peut faciliter cette opération, c'est la solution pour laquelle nous avons optée.

Lutter contre les ravageurs et les maladies

On vous l'a déjà dit dans ce livre, le jardin est un écosystème à part entière où chacun à sa place et où l'un ne vit pas sans l'autre. Mais nous devons aussi cultiver et vendre des légumes et pour cela, nous avons recours à un peu d'aide extérieure.

Associer les cultures

C'est une approche très développée dans les livres de permaculture. L'association de certains légumes sur un même espace permettrait de se protéger de certains ravageurs ou maladies. La mouche du poireau par exemple, n'aime pas l'odeur de la carotte et inversement. Pour nous, ces préceptes ne nous garantissent pas une culture saine et nous font prendre le risque de se retrouver avec tous nos légumes véreux ou malades.

Cependant, la biodiversité est essentielle pour garantir un jardin sain. Nous voyons bien aujourd'hui en agriculture conventionnelle les dégâts causés par la monoculture où, dès lors qu'une maladie ou un ravageur arrive sur une culture, il va pouvoir se propager sur des hectares et ne pourra être mis à mal qu'à grand renfort de produits phytosanitaires toxiques.

Pour savoir comment associer des cultures, voir le chapitre « L'association de cultures », p.116.

Des filets pour protéger les plantations

Nous utilisons beaucoup de filets anti-insectes sur nos cultures, car ils nous permettent de protéger les légumes de l'attaque de certains ravageurs sans utiliser de produits et sans perturber l'équilibre de notre jardin. C'est notamment le cas sur les carottes, les céleris-raves, les panais et les oignons, sur les poireaux contre la mouche, sur les choux contre la piéride ou la noctuelle du chou, et sur les navets et radis d'hiver contre les altises.

Pour les légumes en semis direct, nous ne posons pas les filets juste après le semis. Nous attendons que la germination soit faite pour être sûrs de bien contrôler que le taux de germination soit correct, et qu'il n'y ait pas d'attaques de limaces sur les jeunes plantules. Cela nous permet de ressemer si besoin, ou de lutter contre les limaces. Lorsque nous repiquons de jeunes plants, nous posons les filets tout de suite après la plantation.

Nous posons simplement les filets sur les cultures, car cela ne gêne pas leur croissance. Nous installons des arceaux pour surélever les filets uniquement sur les oignons, sinon les pointes des plantes passent à travers, à la merci des mouches.

Jeunes poireaux protégés par un filet anti-insectes.

Effectuer des rotations de culture

En agriculture biologique, il est important de respecter un délai de 5 ans entre la plantation de légumes d'une même famille. Une année, nous avons cultivé notre céleri-rave l'année suivant une culture de carottes primeurs. Un an s'était écoulé entre la fin des récoltes des carottes et la plantation des céleris. Eh bien, nous avons eu des boules de céleris-raves totalement véreuses, certainement attaquées par la mouche de la carotte qui était encore présente sur la planche de culture. Il faut donc être attentif à bien respecter une pause entre deux cultures d'une même famille sur un même espace.

Pour plus de précisions sur les rotations de cultures, voir le chapitre « La rotation des cultures », p. 114-115.

Idées reçues sur les maladies cryptogamiques

De fausses idées circulent cependant sur la question des rotations. Sur les tomates par exemple, on dit souvent qu'il faut sortir les plantes dès qu'il y a un signe de maladie. Sachez que le mildiou est partout ! Il est déjà présent dans le sol et attend juste les bonnes conditions pour se développer. Même chose pour l'oïdium des courgettes et des concombres ou la fusariose des haricots. La seule chose que vous pouvez faire, c'est de faire en sorte de ne pas réunir les conditions idéales de développement des champignons : froid et humide pour le mildiou, donc on ouvre bien les serres dès le matin pour que les plantes sèchent rapidement ; chaud et humide pour l'oïdium, on n'arrose donc pas les cucurbitacées par aspersion !

Bien sûr, si vous commencez à avoir du mildiou

Mildiou sur des pieds de tomates en fin de saison.

sur vos plants de tomates début juillet, il convient de les tailler avec des outils propres pour éviter la propagation, mais vous pouvez laisser les feuilles malades dans les allées, cela ne changera rien ! Si vous les sortez, vous allez disséminer des spores de mildiou partout et ça risque d'être pire. En revanche, quand les plantes tombent malade en septembre/octobre, c'est normal. Nous laissons la maladie se propager sur la fin de la culture, et généralement lorsque nous broyons les plants de tomates en octobre, nous nous retrouvons dans un nuage de mildiou.

Opter pour des traitements naturels

Nous utilisons peu de traitements naturels à la ferme, car pour l'instant, nous n'avons pas eu de maladies mettant en péril nos cultures. Nous avons déjà utilisé du bicarbonate de soude sur de l'oïdium du concombre, assez efficace pour ralentir la prolifération de cette maladie provoquée par des champignons. Le savoir noir peut être utile en début de printemps si vos plants sont attaqués par les pucerons et que les coccinelles se font désirer.

La recette au savon noir made in Gobettes

Mélangez 5 cuillères à soupe de savon noir par litre d'eau tiède. Laissez refroidir le mélange avant de pulvériser sur les colonies de pucerons. Ceux-ci vont s'engluer et être asphyxiés. Attention à bien vérifier que les larves de coccinelles ne sont pas encore arrivées, car elles aussi seraient tuées par ce mélange.

Nos chats Frida et Jean Moulin, nos meilleures armes contre les rongeurs.

Les chats

Notre plus grande problématique en maraîchage sur sol vivant est la question des rongeurs : campagnols, mulots et rats taupiers. Nous leur fournissons le gîte et le couvert, bien au chaud et à l'abri sous la paille ou les bâches. Par conséquent, nous avons recueilli une maman chat et ses trois petits, un véritable bataillon anti-mulots. Nous avons remarqué une vraie amélioration sur la pression des rongeurs sur nos cultures, mais en contrepartie, ils s'attaquent aussi aux oiseaux…

Anti-limaces, tu perds ton sang froid

Alors oui, nous utilisons de l'anti-limaces. Il s'agit du ferramol, un phosphate ferrique qui coupe l'appétit des gastéropodes. Mais nous ne l'utilisons jamais en préventif. Lorsque nous mettons en place une culture, nous attendons toujours quelques jours, le temps de voir si elle est attaquée ou non par les limaces. Si tout va bien, nous ne mettons pas de granulés ; si nous remarquons des attaques la mettant en péril, nous mettons du ferramol.

Le ferramol est un produit autorisé en agriculture biologique qui ne met pas en danger les prédateurs de la limace, comme les hérissons par exemple, et qui n'est pas toxique à petite dose pour l'environnement. Sans ce produit, certaines cultures seraient menacées et dans le cadre de notre activité commerciale, nous ne pouvons pas nous le permettre. Mais dans notre esprit, cela reste une entorse à la conduite que nous nous sommes fixée.

Merci

On voulait profiter de l'écriture de ce livre pour remercier celles et ceux qui ont été à nos côtés dans cette folle aventure.

Un grand merci à Marianne et Hugues, les parents d'Elsa qui, depuis le début, ont été à la fois baby-sitters, électriciens, ingénieurs, débroussailleurs, architectes, cuisiniers, bref, sur tous les fronts pour nous soutenir dans ce projet fou. On vous aime.

Merci à Marie et Claude, les grands-parents de Thibault, les cueilleurs de fraises les plus rapides que l'on connaisse ! Merci d'avoir été et d'être là pour nous.

Un grand merci à Eliott, Ulysse et Rémy qui nous ont permis de maintenir le cap pendant le premier confinement !

Une pensée pour Pia qui passe des défilés de mode parisiens, aux mains dans la terre avec la même aisance. Et aussi pour Geneviève et Stéphane, pour leur aide précieuse et leur bienveillance.

À toutes celles et ceux qui ont participé à notre financement participatif en 2018, vous nous avez permis de lancer la ferme.

Merci à nos voisins agriculteurs pour les coups de main.

Merci aux habitantes et habitants de Saint-Sylvestre-de-Cormeilles pour leur accueil.

Merci à nos amapiennes et amapiens, à nos fidèles clients de la vente à la ferme et nos restaurateurs et épiceries pour leur fidélité et leur soutien.

Merci à Charlotte, notre associée, avec qui nous allons écrire une nouvelle page de cette aventure !

Et enfin, merci à Paavo et Orso, nos fils, ce livre est aussi pour vous et la génération qui vient.

Crédits iconographiques

Toutes les photos ont été réalisées par Elsa Jirou et Thibault Dupont à l'exception des pages suivantes :

© Pia Jirou pour les illustrations : p.3, 16-17 et 86.
© François Panchout pour la photo : p.142.

Direction de la publication
Isabelle Jeuge-Maynart et Ghislaine Stora

Direction éditoriale
Émilie Franc et Julie Martin

Édition
Sophie Pizzinat et Grégoire Provost

Direction artistique
Géraldine Lamy

Couverture
Bastien Gélas

Conception de la maquette et mise en page
Anne Bordenave

Fabrication
Donia Faiz

Les Éditions Larousse utilisent des papiers composés de fibres naturelles, renouvelables, recyclables et fabriquées à partir de bois issus de forêts qui adoptent un système d'aménagement durable. En outre, les Éditions Larousse attendent de leurs fournisseurs de papier qu'ils s'inscrivent dans une démarche de certification environnementale reconnue.

PAPIER À BASE DE FIBRES CERTIFIÉES

LAROUSSE s'engage pour l'environnement en réduisant l'empreinte carbone de ses livres. Celle de cet exemplaire est de : 1,5 kg éq. CO_2
Rendez-vous sur www.larousse-durable.fr

ISBN : 978-2-03-601737-5

Imprimé en Espagne par Estella Graficas
Dépôt légal : mars 2023
330842 – 11049920 – janvier 2023